Psychologie für Anfänger

Praxisorientiertes Basiswissen

Wie Sie mit einfacher Psychologie Ihr Selbstbewusstsein erhöhen & positives Denken etablieren - inkl. Tipps zur Persönlichkeitsentwicklung

Marcus Neustädter

INHALT

Vorwort

Psychologie. Jeder hat eine eigene Vorstellung davon, was für ihn dieses Wort bedeutet. Bereits seit hunderten von Jahren beschäftigt die Menschheit sich mit der Frage nach Seele und Psyche. Wo kann sie im Körper verortet werden und ist sie untrennbar mit ihm verbunden? Ist ein Leben nach dem Tod möglich? Wer bin ich?

Regelmäßig spielen wir im Alltag den Hobbypsychologen, indem wir uns fragen, was unser Gegenüber denkt, wie wir auf ihn oder sie wirken und warum eine Person dieses oder jenes gesagt oder getan hat.

Psychologie zu definieren, ist ein schwieriges Unterfangen, aber lassen Sie es mich dennoch versuchen. Abgeleitet vom lateinischen „psychologia" beschreibt die Psychologie die Lehre seelischer Vorgänge innerhalb eines Menschen in Bezug auf Erleben und Verhalten. Sie setzt sich aus verschiedenen Disziplinen zusammen, wie der klinische, allgemeinen, Sozial-, Persönlichkeitspsychologie, um nur einen kleinen Teil zu nennen. Besonders in den letzten Jahren gewann das Fachgebiet der Neuro- und Biopsychologie vermehrt an Aufmerksamkeit und fand seinen Weg in die akademische Lehre.

Von den einzelnen Disziplinen aus entwickelten sich sogenannte Hauptströmungen der Psychologie, die der Bevölkerung Erklärungsansätze für das eigene Erleben und Verhalten liefern sollten und welche auch hier ihre Anwendung finden sollen.

Den interessierten Leser erwartet eine praxisorientierte Einführung in die Psychologie. Dieses Buch soll Ihnen mit einfachen Tipps und Tricks dabei helfen, Ihr Selbstbewusstsein und Ihre mentale Gesundheit zu stabilisieren, zu fördern, Ihre

Persönlichkeit zu entwickeln und ein positives Mindset zu entwickeln.

MARCUS NEUSTÄDTER

Psychologie im Alltag

Irgendwie sind wir im Alltag doch alle Hobby-psychologen. Warum hat mein Freund oder Freundin dies oder jenes getan? Hat es mit mir zu tun? Was denkt mein Gegenüber von mir? Wie wirke ich auf andere?

Wie wir uns das Verhalten anderer erklären, basiert auf bestimmten Schlussfolgerungen, die wir aus gemachten Erfahrungen und Beobachtungen, unserem Bauchgefühl und gesundem Menschenverstand ziehen. Doch ist das wirklich Psychologie? Jein.

Sie ist nicht allgemeingültig und schon gar nicht wissenschaftlich. Wäre sie es, müssten unsere Schlussfolgerungen auch auf alle anderen ähnlichen Situationen zutreffen und das tun Sie meistens nicht.

Stellen Sie sich vor, wie Sie als Kind gern bei Ihrem besten Freund oder Ihrer besten Freundin übernachten wollten. Sie wissen, dass, wenn Sie Ihre Mutter fragen, die gerade im Stress ist, weil die Einkäufe ausgepackt werden müssen, das Essen noch nicht auf dem Herd steht und auch noch nicht Staub gewischt wurde, die Chancen gut stehen, dass sie einfach ja sagt, ohne überhaupt richtig zugehört zu haben. Aber Sie wissen auch, dass, wenn Sie es auf die gleiche Art und Weise bei Ihrem Vater versuchen, wenn er müde von der Arbeit nach Hause kommt, er garantiert nein sagen wird. Sehen Sie? Bereits da versagt unsere Alltagspsychologie. Jetzt fragen Sie sich sicherlich, wieso wir uns überhaupt die Mühe machen, Psychologie im Alltag anzuwenden, wenn sie uns immer nur bei einer bestimmten Person weiterhilft.

Nun ja, schließlich hat sie uns geholfen zu wissen, welche Knöpfe wir bei unseren Eltern drücken müssen, um mit unserem besten Freund oder unserer besten Freundin übernachten zu dürfen. Gar nicht so schlecht, oder?

Und was ist dann wissenschaftliche Psychologie?

Psychologie als Wissenschaft

Psychologie ist eine empirische Wissenschaft. Empirie bedeutet, dass alle Erkenntnisse auf Fakten beruhen, die aus systematischen Beobachtungen gewonnen werden. Demzufolge leitet sie sich nicht aus Theorien und abstrakten Regeln ab. Erst dann kann sie als Wissenschaft bezeichnet werden. Der hohe Praxisbezug sorgt dafür, dass Sie die Psychologie ganz einfach in Ihren Alltag integrieren können.

Um Daten zu erheben, aus denen anschließend Fakten abgeleitet werden, nutzt die Psychologie unter anderem Fragebögen, Interviews, Experimente und medizinische Verfahren, wie beispielsweise das EEG (um die Gehirnströme von Probanden zu messen). Unbestritten ist, dass jeder Mensch einzigartig ist und nicht einfach in eine Schublade „gesteckt" werden kann. Genau da setzt die Psychologie an.

Ihr Ziel ist es, zu beschreiben, zu erklären, vorherzusagen und zu verändern. Dafür ist sie beständig auf der Suche von Gesetzmäßigkeiten und Regeln, die auf Gruppen von Menschen zutreffen. Anhand derer kann sie das Verhalten einer Person beschreiben und erklären, aber auch vorhersagen und sogar verändern, sollte dieses schädlich sein.

Doch was leistet die Psychologie überhaupt? Manche Leute belächeln sie, andere schwören auf sie. Nun ja, die einen messen ihr zu wenig, die anderen zu viel Bedeutung bei. Unbestritten ist, dass jeder unserer Lebensbereiche durch Psychologie geprägt ist. Unsere Beziehung zu anderen, unser Arbeitsplatz und unsere Freizeit, um nur einen kleinen Teil zu nennen. Sie hilft den Kranken sowie auch den Gesunden. Sie hilft uns, über traumatische Erlebnisse hinwegzukommen und uns präventiv vor Schicksalsschlägen zu schützen. Sie hilft uns, mit Stress umzugehen, unser Potenzial zu entfalten und die beste Version unser Selbst zu werden.

Der Bauer auf dem Land, die Bürosekretärin in der Großstadt und der Therapeut in der Vorstadt: Sie alle nutzen tagtäglich die Erkenntnisse der Psychologie, wenn auch der eine mehr und der andere weniger bewusst.

Geschichte der Psychologie

„Die Psychologie hat eine lange Vergangenheit, doch nur eine kurze Geschichte."

Diese von Hermann Ebbinghaus stammende Aussage beschreibt, dass sich seit der Antike Philosophen, Mediziner und viele mehr, mit psychologischen Fragestellungen beschäftigen. Dennoch wurde die Psychologie erst im 19. Jahrhundert als eigenständige Wissenschaft anerkannt und fand durch Wilhelm Wundt 1879 ihren Eingang in die akademische Lehre und Forschung.

Wundt, ausgebildeter Physiologe und Professor für Philosophie, richtete ein psychologisches Laboratorium an der philosophischen Fakultät in Leipzig ein. Dies können Sie als Startschuss der modernen Psychologie betrachten. Kurz nach der Entstehung des Leipziger Laboratoriums folgten weitere Länder Wundts Beispiel und richteten Lehrstühle und Laboratorien ein, die sich psychologischen Fragestellungen zuwandten.

Bereits früher wurde die Psychologie als Disziplin der Philosophie gelehrt. Die ersten Versuche, die Psychologie als unabhängige Wissenschaft zu etablieren, finden sich in den von Christian Wolffs stammenden Werken „Psychologia empirica" und „Psychologia rationalis" aus den Jahren 1728 und 1732.

Daran, dass dieses Kapitel so kurz ist, können Sie sicherlich erkennen, dass die Geschichte der Psychologie wirklich ziemlich kurz ist.

Psychologische Forschung

Ziel der psychologischen Forschung ist es, Modelle zu entwickeln, welche Gemeinsamkeiten und Regeln nutzen, um das Verhalten und Erleben von Menschen zu erklären.

Da die Psychologie eine angewandte Wissenschaft ist, vereint sie geisteswissenschaftliche, naturwissenschaftliche und sozialwissenschaftliche Denkweisen. Sie kann auf verschiedene Forschungsmethoden zurückgreifen wie Experimente, systematische Beobachtungen, Fragebögen, Interviews, Rating-Skalen und vieles mehr.

Dennoch werden Sie mir recht geben, wenn ich behaupte, dass das Experiment von allen Erhebungsmethoden in der Psychologie am bekanntesten ist.

Das Experiment: So gut wie jeder kann sich unter diesem Begriff etwas vorstellen. Aber haben Sie bereits selbst an einem teilgenommen? Falls nicht, wird dieses jetzt Ihr Erstes werden. Lassen Sie uns gemeinsam ein Gedankenexperiment beginnen.

Wollen Sie lieber zu Hause bleiben und weiterhin im Büro arbeiten oder wollen Sie Cuba Libre in Havanna trinken? Vermutlich liege ich richtig mit der Annahme, dass Sie lieber Cuba Libre in Havanna in der Sonne schlürfen – oder Havannas auf Kuba rauchen wollen. Doch woher sollen Sie das Geld nehmen? Um sich so eine Reise leisten zu können, arbeiten Sie weiter in dem kleinen Büro. Doch sind Sie damit frei? Vermutlich denken Sie nun, dass Sie es wären, da Sie sich frei dafür entschieden haben, zu arbeiten, anstatt ohne Geld nach Kuba zu fliegen.

Der Philosoph und Begründer des Gedankenexperimentes „der freiwillige Gefangene", John Locke, behauptet, dass wir in solchen Situationen überhaupt nicht frei sind. Basis seiner Annahme ist, dass wir freiwillig bleiben, um zu arbeiten und Geld zu verdienen. Aber eigentlich haben wir ja überhaupt keine andere Wahl, als zu bleiben, weil wir kein Geld haben, um nach Kuba zu fliegen. Ganz schön verwirrend, oder? Kerngedanke des Ganzen ist jedenfalls, dass wir nicht frei sind, auch wenn wir uns frei entschieden haben, weil es uns gar nicht freisteht, nicht zu bleiben. Freiheit können Sie nur erlangen, wenn es wirklich in Ihrer Macht stünde, nach Kuba zu fliegen und Cuba Libre zu schlürfen, ohne dass Sie an finanzielle Konsequenzen denken müssten. Schließlich könnten Sie auch einen Job auf Kuba annehmen oder Airbnb für wenig Geld nutzen. Schließlich gilt nicht umsonst die Aussage: „Wo ein Wille ist, ist auch ein Weg!" Herzlichen Glückwunsch! Sie haben erfolgreich an Ihrem ersten Experiment teilgenommen!

Doch ist so ein Experiment überhaupt zulässig? Müssen nicht irgendwelche Kriterien erfüllt sein, damit ein Experiment und andere Messinstrumente in der Wissenschaft zugelassen werden dürfen?

Gütekriterien psychologischer Forschung

amit so ein Experiment wie eben auch wirklich zulässig ist, brauchen wir sogenannte Gütekriterien. Sie wurden entwickelt, um sicherzustellen, dass Untersuchungen wissenschaftlich fundiert sind. Sie gelten für die Bewertung von Messungen, Messinstrumenten und den damit erhobenen Ergebnissen. Aber sie finden auch ihre Anwendung bei der Festlegung von Versuchsbedingungen und der Auswahl von Probanden. Unterschieden wird in Haupt- und Nebengütekriterien.

Hauptgütekriterien umfassen Objektivität, Reliabilität und Validität. Nebengütekriterien beinhalten unter anderem Ökonomie, Normierung und Nützlichkeit.

Aber was hat es mit diesen Begriffen auf sich und warum sind sie so wichtig in der Forschung?

WAS BEDEUTEN OBJEKTIVITÄT, RELIABILITÄT UND VALIDITÄT?

Objektivität, Reliabilität und Validität sind nicht nur ganz schöne Zungenbrecher, sondern auch die Hauptgütekriterien wissenschaftlicher Forschung. Doch was hat es mit ihnen auf sich?

Gütekriterien können Sie auch mit „Qualitätsindikatoren" übersetzen. Genutzt werden sie, damit Forschungsergebnisse qualitativ hochwertig interpretiert und zukünftige Datenerhebungen geplant werden können.

Als objektiv kann empirische Forschung bezeichnet werden, die frei von jeglichen Einflüssen ist.

Ein Beispiel: Vor der Untersuchung wurde eine Hypothese aufgestellt, die nun wissenschaftlich überprüft werden soll. Nehmen wir an, dass alle Mitarbeiter in einem Büro unter Stress leiden, weil der Chef angekündigt hat, Leute entlassen zu müssen. Der Chef des Unternehmens hat ein Forschungsinstitut beauftragt, zu ermitteln, ob diese Annahme auf 50 % seiner Arbeitnehmer zutrifft. Das Institut überlegt nun, wie es vorgehen kann. Es entscheidet sich dafür, ein Interview durchzuführen und parallel einen Fragebogen zu erstellen, der die typische Stresssymptomatik abfragt. Nach der Erhebung werden die Daten ausgewertet. Weil die Forscher insgeheim davon überzeugt sind, dass alle Mitarbeiter unter dem gesteigerten Druck leiden, sprechen sie manchen ein höheres Stresslevel zu, als es eigentlich der Fall ist. Das liegt daran, dass die Forscher ihre Annahme bestätigen wollen und voreingenommen sind.

Das Gütekriterium der Objektivität kann nicht nur durch die Versuchsdurchführer beeinflusst werden, sondern auch durch die Probanden selbst. Das Äußere der Probanden oder die individuelle Einstellung kann genauso starken Einfluss ausüben. Zurück zu unserem Beispiel mit der Untersuchung des Stresspegels der Mitarbeiter.

Kommt ein Teilnehmer ungepflegt in Jogginghose und mit Augenringen zur Untersuchung, werden die Versuchsdurchführer zu dem Schluss kommen, dass dieser Mitarbeiter unter massivem Stress stehen muss, schließlich kann er sich nicht einmal um sein äußeres Erscheinungsbild kümmern. Ein weiterer Proband kommt gehetzt herein und schaut ständig auf seine Armbanduhr, sodass die Durchführer auch hier unterbewusst darauf schließen, dass dieser unter starker Anspannung steht. Eine weitere Testperson ist müde, weil er die Nacht zuvor wieder zu tief ins Glas geschaut hat. Eigentlich hat er gar keine Lust, zu einer Befragung zu gehen, und ist dem ganzen Unterfangen pessimistisch gegenüber eingestellt, weil er sowieso davon ausgeht, entlassen zu werden. Mit seiner Einstellung beeinflusst der Proband den Ausgang der Untersuchung, denn seine Antworten werden so ausfallen, dass er sich müde, antriebslos und depressiv fühlt, was typische Stresssymptome sind. Aber bei diesem pessimistischen Probanden liegt es nicht am Stress, sondern daran, dass er ein verkaterter Pessimist ist.

Um Objektivität zu gewährleisten, stehen den Versuchsdurchführern verschiedene Methoden zur Verfügung. Zum Beispiel könnten die Probanden gebeten werden, alle das Gleiche zu tragen. Sie könnten auch alle zur gleichen Tageszeit untersucht werden und die Ergebnisse anschließend von außenstehenden Personen ausgewertet werden.

Ist Ihnen nun klar, wie wichtig es ist, dass eine Untersuchung objektiv ist, um realistische Daten zu erhalten?

Reliabilität kann mit „Zuverlässigkeit" übersetzt werden. Das bedeutet, dass, wenn die Messung unter den gleichen Bedingungen erneut durchgeführt werden würde, gleiche oder zumindest ähnliche Ergebnisse erzielt werden. Auch Forscher, die an ähnlichen Projekten arbeiten und dieselben Messinstrumente benutzen, sollten zu ähnlichen Ergebnissen kommen. Vor allem aber sollten alle, die die Ergebnisse der Untersuchung interpretieren, zu demselben Schluss gelangen.

In unserem Beispiel mit den gestressten Mitarbeitern könnte dies so aussehen: Die Messung des Stresspegels erfolgt über einen Zeitraum von 6 Wochen. Damit die Ergebnisse reliabel sind, wird die Messung immer mittwochs während der Mittagspause durchgeführt und anschließend die neuen Werte ins Verhältnis zur vorherigen Woche gesetzt.

Beeinflusst werden kann das Gütekriterium der Reliabilität unter anderem durch das Phänomen der sozialen Erwünschtheit. Wir müssen davon ausgehen, dass unser Chef die Mitarbeiter entlässt, die dem gesteigerten Druck sowie dem erhöhtem Arbeitspensum nicht gewachsen sind und sich über den Stress beklagen. Aufgrund dessen könnten die Mitarbeiter behaupten, dass der Stress nicht so schlimm sei und sie nicht unter ständigen Spannungskopfschmerzen leiden. Sie reden ihrem Chef nach dem Mund, in der Hoffnung, ihren Arbeitsplatz zu behalten (dass das auf Dauer nicht gut gehen kann, ist vermutlich jedem bewusst). Abhilfe kann geschaffen werden, indem die Untersuchung anonymisiert wird und nicht zurückverfolgt werden kann, wer denn nun unter Stress leidet.

So, nun wissen Sie hoffentlich auch, warum Reliabilität für die Forschung so wichtig ist. Aber was ist mit der Validität?

Validität beschreibt die Gültigkeit einer Untersuchung. Unterschieden wird zwischen interner und externer Validität. Als intern valide kann eine Untersuchung bezeichnet werden, wenn auch wirklich gemessen wird, was zu messen vorgegeben wird. Klingt verwirrend? Keine Sorge, Sie können es sich so vorstellen: Soll bei den Mitarbeitern der Stresspegel untersucht werden, wäre es schlecht, wenn der entwickelte Fragebogen als Ergebnis angibt, wie zufrieden der Proband in seiner häuslichen Situation ist.

Als extern valide gilt eine Untersuchung, wenn die Ergebnisse generalisiert werden können. Stellen Sie sich vor, die sechswöchige Untersuchung des Stresspegels der Mitarbeiter ist abgeschlossen. Ihnen liegen die Daten vor. Bei 75 % der Mitarbeiter wurde ein extrem hohes und bei den restlichen ein mittleres bis niedriges Stresslevel gemessen. Kann nun allgemein gesagt werden, dass alle Mitarbeiter unter Stress leiden?

Nun ja, wir können schlussfolgern, dass die Drohung des Entlassen-Werdens dafür gesorgt hat, dass die Mitarbeiter enormem Stress ausgesetzt sind. Vergleichen wir unsere Ergebnisse mit anderen Studien, die gleiche oder ähnliche Werte gemessen haben, können wir die Theorie aufstellen, dass mehr als die Hälfte der Mitarbeiter eines Unternehmens mit Stress reagieren werden, wenn ihnen gedroht wird, entlassen werden.

Hoffentlich haben Sie nun einen Eindruck davon erhalten, wie wichtig die Berücksichtigung der Hauptgütekriterien in der Forschung ist, um zuverlässige Ergebnisse zu erhalten.

Und was sind nun Nebengütekrite- rien?

Nebengütekriterien sind zwar wünschenswert, aber nicht zwangsläufig notwendig, um Messinstrumente und deren Messergebnisse in der Forschung zu beurteilen.

Ökonomie gilt als eines der wichtigsten Nebengütekriterien. Doch wofür steht das?

Es bezieht sich ganz einfach auf die Kosten, die während einer Untersuchung anfallen, und den erforderlichen Zeitaufwand. In der Praxis sieht das Ganze so aus: Der Chef des Unternehmens wird mit der Frage konfrontiert, wie viel Geld er ausgeben kann, um zu erfahren, ob seine Mitarbeiter vermehrt unter Stress leiden. Danach sucht er nach einem Forschungsinstitut, welches im festgelegten finanziellen und zeitlichen Rahmen die Untersuchung durchführt.

Normierung stellt ein weiteres wichtiges Nebengütekriterium dar. Das bedeutet, dass es eine Referenzgruppe geben muss, mit der die erhobenen Daten verglichen werden können. In unserem Beispiel müssen die Werte der Mitarbeiter mit den Werten einer zuvor befragten Referenzgruppe ins Verhältnis gesetzt werden, um zu erfahren, wie sich die Ergebnisse im Vergleich zur Norm verhalten. Beispielsweise könnte die Referenzgruppe aus psychisch gesunden Probanden bestehen, die kaum unter Stress leiden, sodass die Ergebnisse der untersuchten Gruppe in leichte, mittlere und starke Stressbelastung eingeteilt werden können.

Nützlichkeit gehört ebenfalls zur Gruppe der Nebengütekriterien. Sie können sich es so vorstellen: Ein Messinstrument sollte möglichst die Fragestellung gänzlich beantworten können, ohne dass es notwendig ist, parallel weitere Messinstrumente einzusetzen. In unserem Fall sollte das Forschungsinstitut, das beauftragt wurde, den Stresspegel der Mitarbeiter zu messen, nur eins oder höchstens zwei Messinstrumente gleichzeitig einsetzen, damit die Untersuchung und auch die Messinstrumente nicht ihre Nützlichkeit verlieren.

Nun haben Sie eine Menge über die Psychologie als Wissenschaft gelesen, ihre Forschung und die Hürden, die sie zu bewältigen hat.

Aber wie sieht es nun im Detail aus? Was hat es mit Freuds Tiefenpsychologie oder Watsons Experimenten auf sich?

Hauptströmungen der Psychologie

Um individuelles Erleben und Verhalten für die Bevölkerung erklärbar zu machen, entwickelten Psychologen verschiedene Sichtweisen.

Vor allem Fragen nach Emotionsentstehung und der Sinnhaftigkeit bestimmten Verhaltens waren dabei wegweisend. Angestoßen wird die Entwicklung neuer Strömungen durch vorangegangene mangelhafte Erklärungsansätze.

Am bekanntesten in der Psychologie sind die von Freud vorgestellte Tiefenpsychologie, der von

Skinner und Watson begründete Behaviorismus, der von Maslow vertretene Humanismus sowie der von Piaget postulierte Kognitivismus und die neue Richtung der Biopsychologie.

TIEFENPSYCHOLOGIE UND DIE MACHT DES UNTERBEWUSSTEN

> **„Das Seelenleben ist dreigeteilt."**

Mit dieser Aussage kann, der von Sigmund Freud vorgestellte Erklärungsansatz zusammengefasst werden. Dabei nahm er an, dass die Seele aus drei untrennbaren Instanzen besteht, die miteinander interagieren und so das menschliche Erleben und Verhalten begründen. Diese nannte er „ES, ÜBER-ICH und ICH".

Wünsche, Triebe und Bedürfnisse, wie beispielsweise nach Macht, Liebe oder Sex, aber auch Hass werden vom ES umfasst. Geprägt wird es durch Impulsivität sowie Spontaneität und kann dementsprechend nur schwer kontrolliert werden. Denken Sie nur einmal an eine gescheiterte Liebesbeziehung. Menschen sehnen sich nach Liebe und Anerkennung, selbst wenn der Partner offensichtlich nicht das Gleiche empfindet oder im schlimmsten Fall sogar den anderen schlecht behandelt. Bestimmt hatten Sie bereits einen Freund oder eine Freundin, die entgegen aller Vernunft blindlings diesem Partner hinterhergelaufen ist und sich selbst damit nur geschadet hat. Oder denken Sie an eine Meinungsverschiedenheit mit Ihrem Chef. Hat dieser Ihnen nicht letztens mit einem frechen Grinsen noch mehr Arbeit aufgebürdet? Wahrscheinlich haben Sie innerlich vor Wut gekocht und hätten ihm am liebsten die Brille von der Nase gehauen. Keine Sorge, in diesem Moment hatte eindeutig das ES die Zügel in der Hand. Aber wie furchtbar wäre es, wenn wir dazu gezwungen wären, immer unseren primitiven Trieben nachzugeben?

Die Instanz des ÜBER-ICH umfasst Moralvorstellungen, Werte, Regeln und Normen. Sozusagen alles, was wir im Laufe unseres Lebens durch Erziehung und die Gesellschaft mitgegeben bekommen haben bzw. erlernt haben. Das ÜBER-ICH kann auch als Gegenspieler des ES verstanden werden, da es auf Basis der Vernunft und des Verstandes handelt.

Denken Sie nur einmal an das Beispiel von eben, wobei Ihr Chef wie selbstverständlich einen Berg von liegen gebliebenen Aufgaben bei Ihnen abgeladen hat. Obwohl Sie vor Wut fast geplatzt sind, konnte man Ihnen äußerlich vermutlich kaum etwas anmerken, denn schließlich ist es Ihr Chef, mit dem möchte man es sich nicht verscherzen. Dieses Pokerface, dass Sie nach außen bewahrt haben, haben Sie dem ÜBER-ICH zu verdanken. Auf Basis von Regeln und Normen der Gesellschaft haben Sie Ihrem Ärger nicht ungezügelt Luft gemacht, wie es das ES von Ihnen verlangt hat, sondern haben sich im Stillen Ihrem verlängerten Arbeitstag ergeben. Aber wäre es nicht entsetzlich, wenn wir aus Höflichkeit alles hinnehmen müssten, worum uns andere bitten, worauf wir aber überhaupt keine Lust haben?

Glücklicherweise haben wir die dritte Instanz des ICH. Diesen können Sie sich als eine Art Vermittler oder Streitschlichter zwischen dem ES und ÜBER-ICH vorstellen, welcher stets und ständig versucht, beide Seiten zu befriedigen. Dies ist auch unbedingt notwendig, denn die beiden stehen fast immer im Konflikt und kommen von allein zu keiner Lösung. Nehmen wir noch einmal das Beispiel mit Ihrem Vorgesetzten. Am liebsten würden Sie ihm so richtig die Meinung geigen und die Brille von der Nase hauen, aber das ÜBER-ICH hält Sie davon ab. Glücklicherweise kann das ICH diesen inneren Konflikt beheben, indem Sie Ihrem Chef beispielsweise sagen können, dass Sie keine Zeit haben, bereits einen Haufen Überstunden haben oder die Aufgaben nicht in Ihren Zuständigkeitsbereich fallen. So, mit sachlicher Argumentation und professioneller Höflichkeit, könnten Sie die Situation entschärfen, dass ES wurde befriedigt, weil Sie sagen konnten, was Sie stört, und das ÜBER-ICH konnte sein Gesicht waren, indem dies nach den Regeln der Gesellschaft erfolgt ist.

BEHAVIORISMUS UND DAS REIZ-REAKTIONS-MODELL

> **„Das menschliche Verhalten sollte naturwissenschaftlich erklärt werden."**

Das ist der Grundgedanke des Behaviorismus. Vor allem John Watson und Burrhus Frederic Skinner vertraten diese Auffassung. Genauer gesagt nahmen sie an, dass, sobald ein Reiz auf einen

Organismus trifft, eine beobachtbare Reaktion ausgelöst wird. Infolgedessen ist der Mensch ein rein passives Lebewesen, welches unfreiwillig auf äußere Reize reagiert.

Um diese Hypothese zu beweisen, führte Watson ein Experiment mit dem Namen „der kleine Albert" durch. Aus heutiger Sicht widerspricht der Versuchshergang jeglichen ethischen Richtlinien und kann schlichtweg mit dem Adjektiv „barbarisch" beschrieben werden. Albert war ein neun Monate altes Waisenkind, welches unter einem Hydrocephalus (Wasserkopf) litt und konditioniert werden sollte, Angst vor weißen Ratten zu haben. Konditionierung beschreibt das Erlernen und Abrufen von Verhaltensweisen, welche auf einen vorweggegangenen Reiz bzw. Stimulus erfolgen. Zu diesem Zweck wurden Albert weiße Ratten gezeigt, wobei einer der Wissenschaftler gleichzeitig mit einer Stange auf ein Metallrohr einschlug. Nach mehrfacher Wiederholung lernte Albert, das unangenehme Geräusch mit weißen Ratten zu verbinden. Doch er hatte nicht nur Angst vor diesen, sondern auch vor weißen Kaninchen, Hündchen und allen anderen weißen flauschigen Objekten, die Ihnen in den Sinn kommen. Aufgrund der Durchführung, Alberts Erkrankung und seinem Ableben im Alter von 6 Jahren, welches eine Langzeituntersuchung verhinderte, gelten die Ergebnisse des Experiments als nicht gesichert.

Nun stellen Sie sich einmal vor, wie Sie über einen neuen Teppich in Ihrer Wohnung laufen und plötzlich einen Stromschlag bekommen, sobald Sie etwas berühren. Ganz schön unangenehm, oder? Und jetzt gehen Sie mal davon aus, dass das fünfmal hintereinander passiert ist. Sie könnten darauf reagieren, indem Sie den Teppich meiden und nicht mehr darüber laufen. Das wäre eine Reaktion auf den vorangegangenen Reiz des Schmerzes. Plötzlich klingt die Hypothese des Behaviorismus gar nicht mehr so abwegig. Aber ich kann Sie beruhigen: Sie sind kein willenloses passives Wesen, das nur auf Reize reagiert. Schließlich könnten Sie den blöden Teppich auch wegwerfen, der hat Ihnen ja sowieso nie so richtig gefallen. Diese Reaktion auf den Reiz wäre eine bewusste Entscheidung und keine erlernte Handlung, denn letztendlich schmeißen wir nicht sofort alles weg, nur weil wir ein unangenehmes Erlebnis damit hatten.

Der Erklärungsansatz wird im Fachterminus als deterministisch beschrieben. Determinismus bedeutet, dass alle zukünftigen Ereignisse durch Vorbedingungen festgelegt sind. Also wenn Sie heute anfangen, Ihren Teppich zu Hause meiden, werden Sie das auch nächste oder übernächste Woche noch machen. Vielleicht werden Sie zukünftig sogar alle Teppiche meiden?

Was für ein Glück für uns, dass der Erklärungsansatz heutzutage als überholt gilt. Aber denken Sie immer daran, dass solche Hypothesen nicht von ungefähr kommen und meistens ein Fünkchen Wahrheit dahintersteckt.

Wie Ihnen vielleicht aufgefallen ist, finden Gedanken und Emotionen wenig Platz in diesem Erklärungsansatz und werden sozusagen in der „Blackbox" verstaut. Vor allem Humanismus und Kognitivismus betonen diese Komponenten, die beim Behaviorismus keinen Platz hatten.

HUMANISMUS UND DIE MENSCHLICHEN BEDÜRFNISSE

„Zeit für ein positives Menschenbild"

Mit dieser Aussage leiteten die Vertreter des Humanismus die Gegenbewegung zu Behaviorismus und Tiefenpsychologie ein. Die deterministische Sichtweise wurde grundlegend abgelehnt und der Mensch als frei vernünftig denkendes Wesen anerkannt. Dieser erlebt bewusst seine Umwelt und tritt aktiv in Interaktion mit ihr. Dabei soll der Mensch seine Umwelt nutzen, um seine Persönlichkeit zu entwickeln und verborgenes Potenzial zu nutzen.

Wegweisend waren die Fragen nach Selbstkonzept und dem Potenzial zur Persönlichkeitsentwicklung, wobei die wichtigsten Vertreter Charlotte Bühler und Abraham Maslow waren. Besonders bekannt ist die von Maslow entwickelte Bedürfnishierarchie.

Diese setzt sich pyramidenförmig aus 5 Stufen zusammen. Die ersten vier Stufen werden als Defizitbedürfnisse bezeichnet und die fünfte, also letzte Stufe, als Wachstumsmotiv.

Physiologische-, Sicherheits-, Sozial- und Individualbedürfnisse werden unter dem Begriff der Defizitbedürfnisse zusammengefasst.

Unter den physiologischen Bedürfnissen versteht man grundlegende Dinge zur Erhaltung des Lebens, wie beispielsweise Sauerstoff, Wasser und Nahrung. Stellen Sie sich nun vor, Sie arbeiten in einem Unternehmen mit einer eigenen Küche. Jederzeit haben Sie die Möglichkeit, sich etwas zu trinken zu nehmen oder sich eine Tütensuppe zu machen. Dann hat Ihr Arbeitgeber dafür gesorgt, dass Ihre physiologischen Bedürfnisse auch am Arbeitsplatz jederzeit befriedigt werden können. So einen Arbeitgeber hätten wir alle gern, oder?

Finanzielle, soziale, körperliche und seelische Sicherheit bzw. Schutz, Stabilität und Ordnung werden unter den Sicherheitsbedürfnissen verstanden. Denken wir nun zurück an unseren großartigen Arbeitsplatz mit der Küche. Ihr Chef hat nicht nur dafür gesorgt, dass Sie jederzeit essen und trinken können, sondern auch, dass Sie vor Gefahren geschützt sind. Praktisch sieht das so aus, dass, wenn die Reinigungskraft den Flur klitschnass und glatt hinterlassen hat, Warnschilder aufgestellt werden, die darauf hinweisen, dass es rutschig sein könnte. Aber er sorgt auch dafür, dass Sie keine Angst davor haben müssen, fristlos entlassen zu werden und genügend Geld für Ihre Arbeitsleistung bekommen.

Kommunikation, eine durch sozialen Austausch geprägte Gemeinschaft und der sichere Platz in einer solchen, werden unter dem Begriff der Sicherheitsbedürfnisse zusammengefasst. Damit Sie als Angestellter in Ihrem Unternehmen auch wirklich glücklich sein können, brauchen Sie eine gute Work-Life-Balance. Sie müssen die Möglichkeit haben, Zeit mit Freunden und Familie zu verbringen und endlich mal richtig über den blöden Kollegen zu schimpfen, der schon wieder mit seinem neuen Auto angegeben hat. Damit Sie sich nicht nur auf das Leben außerhalb der Arbeit freuen, ist die Teilnahme an Teamevents wichtig. Dabei lernen Sie andere Mitarbeiter kennen und merken vielleicht sogar, dass der unsympathische Kollege mit seiner Prahlerei über sein Auto versucht zu verstecken, dass seine Freundin ihn verlassen hat und er eigentlich nur jemanden zum Reden braucht. Hätten Sie mal früher an einem Teamevent teilgenommen, oder?

Macht, Anerkennung, Status und Wertschätzung werden zu den Individualbedürfnissen gezählt. Wie sehr diese Bedürfnisse erfüllt werden müssen, damit wir sagen können, dass wir glücklich sind, ist individuell, daher der Name. Als Angestellter in unserem fiktiven Unternehmen wollen Sie, dass Ihr Chef Ihre Arbeit wertschätzt und Sie auch mal lobt. Auch, wenn andere Mitarbeiter Ihnen sagen, dass Sie ein unverzichtbares Mitglied der Firma sind und Sie gute Arbeit leisten, laufen Sie mit einem Lächeln im Gesicht und gutem Gefühl durch den Tag. Da geht Ihnen auf einmal die Arbeit total leicht von der Hand und Sie sind viel produktiver als gestern, als Sie die Sekretärin schon wieder angemeckert hat, weil irgendwelche Formulare nicht abgegeben wurden. Daran merken wir, dass uns Lob und Anerkennung dabei helfen, produktiver zu arbeiten (hoffentlich merkt das auch Ihr Chef). Bleiben die Defizitbedürfnisse unbefriedigt, kann es zu physischen und seelischen Beschwerden kommen, wie beispielsweise Depressionen.

Kommen wir nun zur letzten Stufe der Bedürfnispyramide – Selbstverwirklichung. Sie stellt das Ziel des menschlichen Handels dar, indem dem

Leben Sinn gegeben wird. Jeder strebt danach, seine Fähigkeiten, Persönlichkeit und Kreativität vollends zu entfalten und die beste Version seiner selbst zu werden. Zurück an unseren Arbeitsplatz. Wir haben eine Küche, die wir nutzen können. Wir müssen keine Angst haben, im nassen Flur auszurutschen, weil wir gewarnt werden (oder falls Sie auf einer Baustelle arbeiten, werden Sie durch entsprechende Kleidung geschützt, die Ihnen Ihr Arbeitgeber bereitstellt). Wir verstehen uns endlich mit dem unsympathischen Kollegen und nehmen an Teamevents teil. Wir erfahren Lob und Anerkennung durch unseren Chef und die anderen Mitarbeiter.

Wie kann all dies noch besser werden? Ganz einfach. Sie dürfen neue Aufgaben machen, weil Ihr Chef an Sie glaubt und darauf vertraut, dass Sie sich selbstständig weiterbilden können. Sie dürfen neue innovative Ideen entwickeln, wie Ihre Firma effizienter arbeiten kann, und an maßgeschneiderten Weiterbildungsseminaren teilnehmen.

Deutlich werden soll, dass, sobald die Defizitbedürfnisse nicht erfüllt werden, auch keine Selbstverwirklichung stattfinden kann. Bleiben wir beim altbekannten Arbeitsplatz. Bekomme ich nichts zu trinken oder habe nicht mal einen Wasserhahn zur Verfügung, um meine Trinkflasche aufzufüllen, nimmt meine Leistungsfähigkeit ab, da sich der Körper ohne ausreichende Flüssigkeitszufuhr nicht konzentrieren kann. Muss ich ständig Angst haben, im Flur auszurutschen, versuche ich, möglichst an meinem Arbeitsplatz zu bleiben und keine Sekunde länger in dem Gebäude zu bleiben als nötig. So kann ich allerdings nicht an Teamevents teilnehmen und die anderen Mitarbeiter kennenlernen. So bleibt der unsympathische Kollege mit dem tollen Auto weiterhin unsympathisch und ich warte nur noch aufs Wochenende. Dass das auf Dauer nicht glücklich machen kann, wird wohl jedem sonnenklar sein. Merkt mein Arbeitgeber, dass ich ineffizient arbeite, keine Sekunde länger als nötig im Büro verbringe und mich in die Gemeinschaft nicht einbringe, wird er daran zweifeln, ob ich eine Beförderung verdient habe und ob ich überhaupt dazu in der Lage bin, mehr Verantwortung zu übernehmen.

Hinzuzufügen ist, dass Maslows Bedürfnishierarchie stark am westlich-zentrierten Individualismus orientiert ist, nur anhand von Beobachtungen formuliert wurde und somit eher an die anfangs angesprochene Alltagspsychologie erinnert.

KOGNITIVISMUS UND DIE BASIS MENSCHLICHEN VERHALTENS

> **„Die Bedeutung von Wahrnehmungsprozessen in der kognitiven Wende."**

Auch der Kognitivismus war genau wie der Humanismus eine Gegenreaktion auf die deterministischen Sichtweisen des Behaviorismus und der Tiefenpsychologie. Vor allem die Blackbox, in die der Behaviorismus Gedanken und Gefühle verstaut hat, wurden unter die Lupe genommen. Vertreter, wie etwa Jean Piaget, kamen zu dem Schluss, dass der Mensch keine auf Reize reagierende Maschine ist, sondern Lernprozesse durch Informationsverarbeitung, Gedächtnisleistung und individuelle Interpretation von Situationen beeinflusst werden. Um neue Dinge zu erlernen, kommt Ihrem Vorwissen eine besondere Rolle zu, denn neu Erlebtes wird mit vergangenen Erfahrungen verknüpft, sodass es zu einem Lernprozess kommt. Daher können Sie jetzt verstehen, wenn in einem Streit Ihr Partner zu Ihnen sagt: „Tja, ich sehe das nun einmal anders!". Wir alle laufen mit einer Brille durch die Welt, mit der wir Situationen und Erlebnisse subjektiv wahrnehmen, denn niemand anderes hat die gleiche Brille auf wie Sie.

Stellen Sie sich vor, Sie sind mit Ihrem Partner im schönen Paris und laufen bei Sonnenuntergang durch enge Gassen. Plötzlich blitzt der Eiffelturm hinter einem Haus auf. Sie sind total aufgeregt und freuen sich, den Eiffelturm auch von Weitem gesehen zu haben. Sie drehen sich zu Ihrem Partner und fragen ihn, ob es nicht wunderbar sei, dass der Eiffelturm so groß ist und man ihn auch Kilometer entfernt sehen könnte. Doch Ihr Partner sieht überhaupt nicht hin und hat nur Augen für die nächste Bäckerei mit ihren leckeren Macarons und Eclairs im Schaufenster. Sie können es nicht fassen. Wie kann man nur so verfressen sein und nichts von seiner Umwelt mitbekommen? Ganz einfach: Ihr Partner trägt seine Brille und hat andere Prioritäten. Während Sie nach kulturellen Ereignissen und Werken Ausschau halten, interessiert er sich eher für den kulinarischen Bereich. Da nützen auch kein Meckern und Schimpfen, denn Ihr Partner hat im Laufe seines Lebens

Erfahrungen gemacht, die ihn veranlassen, sich nach dem nächstgelegenen Café umzusehen, denn schließlich könnte der kleine Hunger ihn überfallen.

Aber sehen Sie es so: Ist es nicht schön, dass Sie sich gegenseitig auf unterschiedliche Dinge aufmerksam machen können? Oder stellen Sie sich vor, dass Sie mit Ihrem Partner in einem Restaurant sind und der süße Kellner Ihnen schon die ganze Zeit Blicke zuwirft. Irgendwann hält Ihr Partner es nicht mehr aus und fragt unwirsch, ob es Ihnen nicht auffällt, dass der Kellner Sie mit seinem Blick vernascht. Sie sind überrascht, denn es ist Ihnen bis jetzt noch gar nicht aufgefallen. Genau das sagen Sie Ihrem Partner, doch der wird immer wütender, denn er kann einfach nicht verstehen, dass Ihnen die Blicke entgangen sein sollen. Sie erklären ihm, dass Sie sich so sehr auf den gemeinsamen Abend mit einem guten Essen gefreut haben, dass Sie auf solche Nichtigkeiten nicht achten. Ihr Partner versteht langsam, dass Sie mit einer anderen Brille durch die Welt gehen als er, und beruhigt sich ein wenig. Letztendlich wird der Abend noch richtig nett und Sie sind beide Zeuge dessen geworden, dass jeder eine individuelle Wahrnehmung von seiner Umwelt hat. Klingt schon viel angenehmer als die Hypothesen von Freud, Watson und Skinner, oder?

BIOPSYCHOLOGIE UND DIE BEZIEHUNG ZWISCHEN PSYCHE UND KÖRPER

„Biologische Ursachen des menschlichen Denkens und Handelns"

Sind unser Erleben und Verhalten durch unsere Gene vorbestimmt? Sitzt die menschliche Seele im Gehirn? Oder sind wir so, wie wir sind, weil unser Gehirn chemische und elektrische Signale von A nach B leitet? Wie wirken Hormone auf unsere Emotionen?

Diesen und vielen weiteren Fragen widmen sich die Vertreter der Biopsychologie. Zur Erforschung werden bildgebende Verfahren wie CT und EEG eingesetzt. Diese untersuchen den Einfluss von Hormonen und Neurotransmittern auf einzelne Hirnareale. Wäre es nicht verrückt, wenn unsere Persönlichkeit gänzlich durch ein 1400 Gramm schweres Organ bestimmt wird?

Wenn auch nicht ganz freiwillig, leistete Phineas Gage einen wichtigen Beitrag in der Bio- und Neuropsychologie. 1848 erleidet der bei einer Eisenbahngesellschaft tätige 25-jährige Phineas Gage einen schweren Unfall. Aufgrund von Sprengungsmaßnahmen und unzureichenden Sicherheitsvorkehrungen bohrt sich eine 6 kg schwere Eisenstange unterhalb seines linken Wangenknochens durch den Schädel. Mithilfe seiner Kollegen kann er wenige Minuten nach dem Vorfall bereits wieder gehen und sogar sprechen. Ein Wunder?

Bereits nach wenigen Monaten ist er körperlich wieder bei Kräften und hat auch nichts von seinem Geschick im Umgang mit den vielen Werkzeugen eingebüßt. Sie fragen sich jetzt mit Sicherheit, wie man einen solch schweren Unfall unbeschadet überstehen kann. Nun ja, gänzlich unbeschadet war er nicht. Seine Vorgesetzten und Kollegen, die Gage als freundlichen, umgänglichen Menschen kannten, wurden zunehmend Zeugen von schwerwiegenden Wesensveränderungen. Gage war barsch, unfreundlich, impulsiv, respektlos, fluchte derbe und konnte keine Pläne einhalten.

Spätere Forscher und sein damals behandelnder Arzt sind sich einig: Gages linker Frontallappen ist zerstört, jedoch sein rechter Frontallappen unverletzt, wodurch er Auffassungsgabe und Sprachfähigkeit beibehielt. Doch warum veränderte sich sein Wesen so sehr?

Gages Frontalhirn war verletzt, insbesondere der präfrontale Kortex. Dieser wird in dorsolateral präfrontal und orbitofrontalen Kortex unterteilt. Wird der dorsolateral präfrontale Kortex geschädigt, verlieren Patienten die Fähigkeit, Regeln einzuhalten, Impulse zu kontrollieren, Pläne zielgerichtet zu verfolgen und Probleme zu analysieren. Klingt ziemlich nach den Problemen, die Gage hatte, oder? Schädigungen des orbitofrontalen Kortex führen zu Extremverhalten im psychosozialen Bereich. Patienten können apathisch sein, depressive Symptomatik zeigen, aber auch hyperaktiv und größenwahnsinnig werden oder sich in Fantasiewelten flüchten. Rückblickend zeigte Gage den typischen Symptomkomplex eines sogenannten Frontalhirnsyndroms.

Spätere Forschungen zeigen, dass der rechte Frontallappen tatsächlich unverletzt blieb, jedoch neuronale Verknüpfungen geschädigt wurden, wodurch die Annahmen des damals behandelten Arztes weitestgehend bestätigt wurden. Übrigens starb Phineas Gage im Alter von 36 Jahren an einem epileptischen Anfall, vermutlich in Folge seines schweren Unfalls.

So, nun haben Sie einen Einblick erhalten, was passieren kann, wenn spezielle Bereiche des Gehirns geschädigt werden. Doch in welcher Beziehung stehen Körper und Geist denn nun miteinander? Theorien über diese Beziehung finden Sie bereits zu den Lebenszeiten von Aristoteles, welche in Dualismus, Materialismus und Idealismus unterteilt werden.

Im Bereich des Dualismus sind Philosophie und Psychologie untrennbar miteinander verwoben, widmete sich doch schon Descartes der Fragestellung nach der Beziehung zwischen Körper und Geist. In seinem Dualismus postuliert er, dass sowohl Geist als auch Seele geistige Entitäten sind, die getrennt von den mechanischen Vorgängen des Körpers existieren. Übersetzt bedeutet dies, dass Geist und Seele zwei vom Körper getrennte „Dinge" sind, die auch nach dem Tod des Körpers fortbestehen können. Descartes Theorie deckt sich mit der von Gottfried Wilhelm Leibniz vorgestellten psychologischen Parallelitätstheorie. Diese besagt ebenfalls, dass Geist und Körper voneinander getrennt sind, jedoch in Harmonie nebeneinander existieren.

Im Bereich des Materialismus werden psychische Ereignisse auf vorangegangene physische Ereignisse reduziert. Das klingt verdächtigt nach den Postulaten des Behaviorismus, oder? Demzufolge sind mentale Prozesse wieder nur Reaktionen auf Reize aus der Umwelt.

Der Idealismus beschreibt das genaue Gegenteil. Danach müssen physische Ereignisse auf vorangegangene psychische Ereignisse reduziert werden. Das wiederum klingt verdächtig nach Humanismus und Kognitivismus, oder?

Ich hoffe, dass Ihnen nun nicht der Schädel brummt und Sie nach den vielen Fachbegriffen das Buch nicht entnervt in eine Ecke feuern.

Deutlich werden sollte, dass es in der Frage nach der Beziehung zwischen Körper und Psyche verschiedene Ansätze in der Wissenschaft gibt. Zum einen den philosophischen und zum anderen den neurobiologischen. Trotzdem kann zweifelsfrei gesagt werden, dass aufgrund der vielen neuen innovativen Verfahren zur Bildgebung, die Biopsychologie, unangefochten die Erforschung der Fragestellung anführt.

Einen abschließenden Konsens kann ich Ihnen leider nicht geben, sind die Aussagen in der Biopsychologie doch schnelllebig und können bereits morgen ihre Gültigkeit verlieren.

Gesichert ist jedenfalls, dass unser Gehirn dafür sorgt, dass wir so sind, wie wir sind. Ob es nun nur daran liegt, dass chemische und elektrische Signale von A nach B geleitet werden oder weil die Seele einen geheimen, bisher unentdeckten Sitz im Gehirn, hat, bleibt Ihrer Fantasie überlassen.

Hauptströmungen in der Praxis

Nun haben Sie die wichtigsten Hauptströmungen der Psychologie kennengelernt, die sich bisher entwickelt haben. Doch finden alle noch praktische Anwendung?

Nun ja, das ist nicht ganz so leicht zu beantworten. In der praxisorientierten Therapie wird auf Mischformen der Hauptströmungen zurückgegriffen. Das ist auch notwendig, denn Krankenkassen übernehmen nur für drei Formen, nämlich die der Verhaltenstherapie, tiefenpsychologisch fundierte Therapie und psychoanalytische

Therapie, die Kosten, sodass die Psychologie auf die Kombination der Strömungen regelrecht angewiesen ist.

Wie der Name bereits sagt, findet die Tiefenpsychologie in der tiefenpsychologisch fundierten Therapie ihre Anwendung. Ziel ist es, unterbewusste Konflikte aus der Vergangenheit zu beleuchten und zu erklären, wie diese sich auf den jetzigen Zustand einer Person auswirken. Stellen Sie sich vor, Sie suchen einen Therapeuten auf, um herauszufinden, warum Sie keine Beziehung aufrechterhalten können. Der Therapeut schlägt Ihnen eine tiefenpsychologisch fundierte Therapie vor. Sie stimmen zu, er wird es wohl am besten wissen. Bereits in Ihrer ersten Sitzung geht es heiß her. Auf dem Weg nach Hause lassen Sie die Geschehnisse Revue passieren. Angeblich liegt Ihre Unfähigkeit, Beziehungen aufrechtzuerhalten, darin begründet, dass Ihr Vater Ihre Mutter und Sie verlassen hat, als Sie gerade einmal 14 Jahre alt waren. Sie sind empört. Wie kann das denn sein? Das ist ja schon Ewigkeiten her. Die Woche vergeht und Sie müssen immer öfter an den Moment denken, als Ihr Vater mit gepackten Koffern im Auto davongefahren ist. Sie vergleichen das

Gefühl mit Ihren bisherigen Beziehungen. Kann es wirklich stimmen, dass Sie solche Angst davor haben, noch einmal den Schmerz des plötzlichen Verlassenwerdens zu spüren, dass Sie lieber selbst dafür sorgen, verlassen zu werden? Schließlich können Sie auch nicht enttäuscht werden, wenn Sie sowieso schon wissen, wie Ihre nächste Beziehung enden wird. Der Therapeut hat einen Bezug zwischen einem vergangenen Trauma und den heutigen Problemen herstellen. Das grenzt schon fast an Zauberei, oder?

Synonym zum Begriff der Tiefenpsychologie wird der Begriff der Psychoanalyse verwendet. Somit ist es nicht verwunderlich, dass wir in der psychoanalytischen Therapie Elemente von Freuds Tiefenpsychologie wiederfinden. Auch hier ist es Ziel, unterbewusste Konflikte aus der Vergangenheit aufzudecken. Anschließend übertragen Patient und Therapeut gemeinsam den Konflikt in die Gegenwart, um zu verstehen, was die Ursache der Probleme ist, die den Patienten veranlasst haben, einen Therapeuten aufzusuchen. Eigentlich könnten Sie sogar sagen, dass die psychoanalytische und tiefenpsychologisch fundierte Therapie nahezu identisch sind.

Elemente des Kognitivismus und Behaviorismus finden sich in der Verhaltenstherapie wieder. Ziel ist es, dass der Patient erlernt, alte Verhaltensmuster abzulegen und andere Verhaltensmuster neu zu erlernen. Stellen Sie sich vor, dass Sie sich nach einem erfolgreichen Arbeitstag immer eine Flasche Wein aufmachen. Sie möchten dieses Verhaltensmuster durchbrechen, da Sie wissen, dass es Ihrer Gesundheit schadet. Sie suchen einen Therapeuten auf, der Ihnen eine Verhaltenstherapie empfiehlt. Nach drei Wochen merken Sie endlich eine Veränderung. Sie haben nicht mehr, das Bedürfnis, sich nach getaner Arbeit mit einer Flasche Wein zu belohnen. Doch was hat der Therapeut bloß mit Ihnen gemacht, schließlich trinken Sie seit 7 Jahren jeden Abend ein Glas Wein? Ganz einfach: Zunächst hat der Therapeut Sie auf Ihre Verhaltensweisen aufmerksam gemacht. Damit hat er die Basis dafür geschaffen, dass Sie sich selbst gegenüber aufmerksamer wurden und sich zwischendurch gefragt haben, warum Sie überhaupt diesen Wein trinken. Mit der neuen Rezeptur schmeckt der nämlich gar nicht so gut wie früher, war das schon die ganze Zeit so? Und wie kann es sein, dass Ihnen das bisher entgangen ist?

In der nächsten Sitzung hat Ihr Therapeut Sie darauf aufmerksam gemacht, warum Sie jeden Abend Wein trinken. Sie wollen sich nämlich belohnen. In der folgenden Woche haben Sie nun wieder Zeit, das Gesagte zu verarbeiten und dem zuzustimmen – Sie wollen sich wirklich belohnen, woher weiß der Kerl das? In der dritten Woche hat der Therapeut Ihnen konkrete Vorschläge gegeben, was Sie stattdessen machen könnten, um sich nach der Arbeit zu belohnen. Sie könnten sich Ihr Lieblingsgericht kochen oder ein schönes heißes Bad nehmen. Klingt doch auch verlockend, oder? Sie beginnen, die Vorschläge umzusetzen und merken, dass das Verlangen nach einem Glas Wein wie von selbst immer mehr nachlässt. Sie haben erfolgreich VERLERNT, ein Glas Wein als Belohnung zu wollen, und stattdessen ERLERNT, Ihrem Körper nach einem erfolgreichen Arbeitstag etwas wirklich Gutes zu tun.

Auch die Ansichten des Humanismus können Sie in verschiedenen Therapieformen finden. Vor allem positive Psychotherapie, Gestalttherapie und emotionsfokussierte Therapie nutzen diesen Ansatz. Ziel ist das psychische Wachstum des Patienten, indem er seine Ressourcen nutzt, um seine

Persönlichkeit zu entfalten. Stellen Sie sich vor, Sie suchen einen Therapeuten auf, weil Sie das Gefühl haben, dass Sie nichts können. Alle Ihre Freunde leisten Großartiges, schreiben Bücher oder malen Gemälde. Früher haben Sie auch gern gemalt, aber als Sie im Kunstunterricht eine schlechte Note bekommen haben, hatten Sie den Eindruck, dass Sie eigentlich gar nicht so gut sind. Ihr Therapeut ermutigt Sie, eine Kunsttherapie zu machen. Zunächst sind Sie skeptisch, ob das das Richtige für Sie ist, doch bereits nach der ersten Stunde sind Sie hellauf begeistert. Sie haben ein Bild gezeichnet und gemerkt, wie sehr Sie es lieben, sich künstlerisch zu betätigen und frei zu entscheiden, was Sie machen wollen. Auch Ihr Therapeut ist erfreut über die Entwicklung und bestärkt Sie darin, weiter an der Kunsttherapie teilzunehmen. Nach mehreren Monaten fühlen Sie sich wie neugeboren und wissen ganz genau, dass Sie sehr gut in dem sind, was Sie tun. Sie wissen nun auch, dass Sie es lieben sich künstlerisch zu betätigen und sich auch beruflich in diese Richtung orientieren möchten. Die Therapie hat dazu beigetragen, dass Sie Ihre Ressource, die des Künstlerisch-Begabten, genutzt haben, um sich selbst zu verwirklichen und Ihre Persönlichkeit erfolgreich zu entwickeln.

Die Strömungsrichtung der Biopsychologie findet ebenfalls in der Behandlung von psychischen Erkrankungen Anwendung. Können chemische oder hormonelle Ungleichgewichte nachgewiesen werden, können Psychiater dem Patienten entsprechende Medikamente verschreiben. Beispielsweise wurde bei Personen mit depressiver Erkrankung ein zu geringer Serotoninspiegel nachgewiesen. Dementsprechend können Psychiater sogenannte Serotoninwiederaufnahmehemmer verschreiben – auch besser bekannt unter dem Namen Antidepressiva.

Psychologie für die Praxis

Psychologie in der Praxis. Was sollen Sie sich nun wieder darunter vorstellen?

Damit wir von der Psychologie auch wirklich profitieren können, müssen wir Sie in unseren Alltag übertragen.

Am einfachsten ist dies, wenn wir unsere Persönlichkeit entwickeln, die Kraft unseres Selbstbewusstseins nutzen, ein positiveres Mindset aufbauen, mentale Stärke fördern oder uns in emotionalen Krisenzeiten selbst stabilisieren wollen.

Doch wie können Sie Ihre Persönlichkeit entwickeln und sich emotional selbst stabilisieren?

DIE ENTWICKLUNG
DER PERSÖNLICHKEIT

Persönlichkeit. Jeder hat Sie. Aber kennen Sie auch die genaue Definition?

Die Persönlichkeit eines Menschen ist die Summe aller seiner individuellen Ausprägungen. Dazu gehört sein äußerliches Erscheinungsbild, seine Verhaltensweisen, seine Werte, Überzeugungen, Gefühle und seine Denkmuster. Dass die endgültige Definition der Persönlichkeit eines Menschen kein leichtes Unterfangen ist, spiegelt die Vielzahl der veröffentlichten Persönlichkeitstheorien wider. Bereits Philosophen der Antike beschäftigten sich mit der Frage, was den Menschen im Inneren zusammenhält. Kerngedanke jeglicher Fragestellung, die die Persönlichkeit betreffen, ist, was uns Menschen eigentlich ausmacht. Was ist so besonders an Ihnen oder mir? Und in welcher Hinsicht sind wir gleich?

Was die Menschen und die Psychologie aber besonders interessiert, ist die individuelle

Entwicklung der Persönlichkeit. Nicht umsonst gibt es eine eigene Forschungsdisziplin in der Psychologie mit dem Namen „Persönlichkeitspsychologie". Sie beschäftigt sich konkret mit der Frage nach Persönlichkeit, den Unterschieden und Gemeinsamkeiten zwischen Menschen und ihrer Entwicklung.

Aber wie sollen Sie mit dieser ganzen Theorie Ihrer Persönlichkeit entwickeln?

Kommen wir zum Drei-Säulen-Modell der Persönlichkeitsentwicklung.

Selbsterkenntnis

Wer bin ich? Diese Frage können nur die wenigsten von uns wirklich gut beantworten. Vielmehr erhalten wir auf so eine Frage ein Sammelsurium an Aussagen über verschiedene Dinge, die die Person meint, gut zu können.

Aber ist das Ihre Persönlichkeit? Ein Sammelsurium an Sachen, die Sie gut können? Nein!

Und es macht auch nur einen Bruchteil der Selbsterkenntnis aus. Vielmehr stehen Fragen im Vordergrund wie:

- Was begeistert Sie so richtig?

- Worauf würden Sie für kein Geld der Welt verzichten?
- Was ist typisch für Sie?
- Was würden Sie anders machen, wenn Sie wüssten, niemand würde Sie kritisieren und es gäbe keine Konsequenzen?
- Wenn jemand mit Ihnen so negativ sprechen würde, wie Sie es manchmal mit sich selbst tun, wäre diese Person noch länger ein Freund für Sie?
- Haben Sie es schon einmal bereut, etwas nicht gesagt oder getan zu haben?
- Ist es für Sie schlimmer, zu versagen oder es gar nicht erst versucht zu haben?
- Wofür sind Sie am dankbarsten?
- Wo und mit wem fühlen Sie sich am wohlsten? Wie kann Ihnen diese Erkenntnis im Alltag weiterhelfen?
- Was gefällt Ihnen am besten an Ihrer Person?
- Ist das Glas für Sie immer halb voll oder halb leer?

Natürlich können Sie sich noch weitere Fragen einfallen lassen, um sich selbst besser kennenzulernen.

Überlegen Sie einfach, wo Ihre Stärken und Schwächen liegen und warum Sie diese so einzigartig machen. Sind Sie vielleicht aufbrausend oder eher zurückhaltend? Fällt es Ihnen leicht, in der Menge unterzutauchen, oder sind Sie der Mittelpunkt jeder Party?

Damit Sie Ihre Persönlichkeit erfolgreich entwickeln können, müssen Sie sich ganz genau kennen – Ihre Stärken ebenso wie Ihre Schwächen.

Selbstakzeptanz

Damit Sie sich entwickeln können, sollten Sie sich nicht nur auf Ihre Stärken konzentrieren, sondern sich auch Ihrer Schwächen bewusst werden.

Für diese sollten Sie sich keineswegs schämen. Jeder hat seine Fehler und damit wir erfolgreich vorankommen, ist es notwendig, dass wir manche einfach so hinnehmen.

Erst einmal klingt das widersprüchlich. Warum sollten Sie etwas einfach so hinnehmen, wenn Sie sich eigentlich entwickeln und verändern wollen?

Es ist ungemein wichtig, sich vor einer erfolgreichen Entwicklung so zu lieben, wie man ist.

Klingt kitschig? Ist aber die Wahrheit. Sehen Sie es so: Sie wollen die beste Version Ihrer selbst werden und sich nicht in den Klon einer Person verwandeln, die Sie bewundern.

Um Ihr Potenzial entfalten zu können, müssen Sie sich erst so annehmen können, wie Sie sind, sonst werden Sie auf unüberwindbare Hürden stoßen, sogenannte Selbstschutzmechanismen.

Selbstveränderung

Da Sie nun wissen, wer Sie sind, und sich selbst so akzeptieren können, wie Sie sind, beginnt die eigentliche Arbeit.

Damit Ihre Entwicklung erfolgreich ist, müssen Sie ein konkretes Ziel vor Augen haben.

Das kann Verhaltensmuster, negative Gedanken, Eigenschaften und Fähigkeiten betreffen. Ihrer Fantasie sind da keine Grenzen gesetzt, Hauptsache, es hat mit Ihrer Persönlichkeit zu tun. Wenn Sie sich zum Ziel setzen, mehr Sport zu machen, betrifft das Ihre Persönlichkeit eher weniger. Sie sollten sich bewusst darüber sein, dass die Entwicklung einem Marathon und keinem Sprint gleicht. Sie passiert nicht ebenso über Nacht,

sondern braucht Willenskraft, Durchhaltevermö-
gen, Mut und Disziplin.

Die drei Säulen der Persönlichkeitsentwicklung
sind untrennbar miteinander verwoben. Ziel ist,
dass Sie freier und unabhängiger in Ihren Handlungen, Gedanken und Gefühlen werden.

Sie haben eine sogenannte „reife" Persönlichkeit entwickelt. Diese ist aber durch noch viel
mehr gekennzeichnet, etwa durch mentale Stärke
und Resilienz. Darauf kommen wir später noch zu
sprechen.

Nun gebe ich Ihnen noch ein paar konkrete
Ratschläge mit auf den Weg zur Entwicklung Ihrer Persönlichkeit:

- Setzen Sie sich ein Ziel. Wo wollen Sie mit Ihrer
Entwicklung hin?
- Setzen Sie sich kleine Ziele. Die Entwicklung der
Persönlichkeit ist ein Marathon, kein Sprint.
- Durchbrechen Sie Ihre Gewohnheiten. Trinken
Sie zur Abwechslung einen Tee anstatt eines Kaf-
fees zum Frühstück. Fahren Sie nicht mit der U-
Bahn, sondern mit dem Fahrrad zur Arbeit. Auch
kleine Veränderungen werden Ihnen helfen, Ver-
änderungen zu forcieren.

- Übernehmen Sie Verantwortung für Ihre Handlungen und Bedürfnisse.
- Stellen Sie sich neuen Herausforderungen. Sie wollten schon immer mal nach Uganda? Worauf warten Sie noch?
- Hinterfragen Sie Ihre Vorstellungen, Überzeugungen und Werte. Andere Sichtweisen auf ein Problem können Ihnen ungemein bei der Suche nach einer Lösung helfen.
- Aber vor allem: Bleiben Sie dran!

Mit diesen Worten hoffe ich, Ihnen auf dem Weg zur Entfaltung Ihrer Persönlichkeit ein Stück weit weitergeholfen zu haben.

Die Kraft des Selbstbewusstseins

Selbstbewusstsein. Ein Begriff, den alle schon einmal gehört haben. Vielleicht hat Ihnen jemand mal gesagt, dass es toll ist, wie viel Selbstbewusstsein Sie ausstrahlen. Aber vielleicht hat Ihnen auch schon mal jemand genau das Gegenteil gesagt, dass Sie es dringend nötig hätten, mehr Selbstbewusstsein zu bekommen.

Aber was genau meinen denn alle mit „Selbstbewusstsein"? Und wie um Himmels willen soll man das bekommen? Schließlich kann man das nicht einfach so bei Amazon bestellen.

Selbstbewusstsein ist die Wahrnehmung, die Sie von sich selbst haben. Sie kennen Ihre Stärken und Schwächen. Sie respektieren sich selbst und lieben sich so, wie Sie sind. Nun ja, leider sieht die Realität meistens ein bisschen anders aus.

Die wenigsten Menschen lieben sich so, wie sie sind. Viel mehr sind sie so sehr auf Ihre Schwächen fokussiert, dass sie vergessen, wer sie eigentlich sind und wo ihre Stärken liegen.

Aber das muss nicht so sein. Sie können lernen, sich zu respektieren und sich selbst zu lieben. Vielleicht gehören Sie eines Tags auch zu den Menschen, denen die Sonne aus dem Hintern scheint und die der Mittelpunkt jeder Party sind.

Aber wie entwickelt man Selbstbewusstsein?

Übernehmen Sie Verantwortung für sich selbst

Selbstbewusste Menschen übernehmen die Verantwortung für ihr Handeln. Kaum einer von ihnen sieht sich selbst in der Opferrolle. Stattdessen versuchen sie zuzugeben, wenn sie einen Fehler gemacht haben, und schieben die Schuld nicht den anderen zu. Sie versuchen, aus ihren Fehlern zu lernen.

Auch Sie können ganz einfach aus der Passivität der Opferrolle aussteigen. Wenn Sie versuchen, Verantwortung zu übernehmen, wird Sie das ungemein weiterbringen. Sie haben nun endlich die Möglichkeit, aus Ihren Fehlern zu lernen, und müssen nicht länger nach Gründen bei den anderen suchen. Klingt verlockend?

Das sollte es auch. Nichts wird Sie selbstbewusster machen, als die volle Verantwortung für Ihr Leben zu übernehmen, es liegt in Ihrer Hand. Sie sind ein selbstbestimmter, freier Mensch. Um dies sich selbst zu beweisen, können Sie damit anfangen zuzugeben, dass Sie letzte Woche doch das Weinglas aus Versehen kaputt gemacht haben und es gar nicht der Hund war. Es ist ja nicht mit böser Absicht geschehen und Sie werden das Weinglas ersetzen. Ihre Freunde bedanken sich für Ihre Ehrlichkeit. Sie sind stolz auf sich und ist es nicht auch ein unglaubliches Gefühl, die Wahrheit zu sagen?

Ich bin okay so, wie ich bin!
Nehmen Sie Dinge einfach an. Manche Sachen können wir nicht ändern. Jetzt denken Sie

vermutlich, dass das sehr viel leichter gesagt als getan ist. Und es stimmt.

Wir werden jeden Tag im Internet mit Leuten konfrontiert, die quasi makellos sind. Sie haben den perfekten Körper, haben genügend Zeit für ihre Kinder und ihren Partner. Sie engagieren sich bei Charité Events und haben den Bau eines Krankenhauses in Afrika finanziert.

Wie können wir mit solchen „Übermenschen" mithalten? Ich verrate Ihnen ein Geheimnis. Solche Menschen gibt es nicht. Wir alle haben unsere Stärken und Schwächen, sonst wären wir keine Menschen. Wäre es nicht furchtbar langweilig, wenn wir alle perfekt wären? Wo bliebe da die Individualität?

Seien Sie stolz auf Ihre Fehler. Natürlich sollten Sie daran arbeiten, wenn es Sie belasten sollte, aber tut es das nicht, dann versuchen Sie, Ihre Fehler anzunehmen. Sehen Sie sie einfach nicht als Fehler. Konzentrieren Sie sich auf Ihre Stärken. Es wird Ihnen helfen, sich selbst zu akzeptieren. Natürlich sollten Sie sich Ihrer „Schwächen" weiterhin bewusst bleiben.

Überlegen wir uns ein Beispiel: Sie sind bei den Eltern Ihres Partners eingeladen. Erst letzte

Woche hat Ihr Arbeitskollege Ihnen noch gesagt, dass es ist, als würde die Eiskönigin höchst persönlich den Raum betreten, wenn Sie hereinkommen. Ein schrecklicher Gedanke.

Sie überlegen fieberhaft, woran es liegen könnte, dass Sie diese Kälte ausstrahlen, doch Ihre Überlegungen enden in einer negativen Gedankenspirale. Ihr Partner macht Sie darauf aufmerksam, dass es gar nicht so schlimm ist, dass Sie gefühlskalt rüberkommen. Ihm wird schließlich ständig gesagt, dass er tollpatschig und planlos sei.

Na, und? So etwas ist doch überhaupt nicht schlimm, es macht Sie ja nicht weniger liebenswert. Zu seinen Fehlern zu stehen, wird Ihnen einen ungemeinen Vorteil gegenüber Ihren Mitmenschen verschaffen und Sie viel sympathischer erscheinen lassen.

Zum Beispiel könnten Sie den Eltern Ihres Partners sagen, dass Sie zwar unterkühlt wirken, sich aber riesig darüber freuen, sie endlich kennenzulernen. Die Eltern werden von Ihrem Selbstbewusstsein beeindruckt sein. Schließlich gehört eine gehörige Portion Mut dazu, zu seinen Fehlern zu stehen. Wenn Sie positives Feedback erhalten, wird es Ihnen immer leichter fallen, sich gänzlich zu akzeptieren

Leben Sie bewusst, um selbstbewusst zu werden

Sie haben bereits kennengelernt, wie wichtig es für das Selbstbewusstsein ist, Verantwortung für Ihre Taten zu übernehmen.

Übernehmen Sie diese Verantwortung, macht Sie das automatisch zu einem Menschen, der bewusst lebt. Sie sind kein passives Wesen in einer Opferrolle, sondern Sie sind sich Ihrer Situation bewusst und Sie haben endlich die Möglichkeit, im Moment zu leben. Sie gehen Risiken ein, erzielen Erfolge und machen Fehler, aus denen Sie lernen können. Aber am besten ist, wie gesagt, dass Sie sich all dessen bewusst sind.

Praktisch gesagt, ist das bewusste Leben eine logische Konsequenz davon, dass Sie Verantwortung für sich und Ihre Handlungen übernehmen.

Da brauche ich Ihnen keine weiteren Ratschläge zu geben, denn das bewusste Leben liegt zum Greifen nah.

Sie bleiben sich selbst treu

Selbstbestimmt wollen viele von uns sein. Doch, was genau bedeutet das? Selbstbestimmtheit ist, wenn Sie immer Ihren Prinzipien und Werten treu bleiben. Sie tun nichts, das nicht Ihren Vorstellungen entspricht, und treten aktiv für Ihre Überzeugungen ein.

Um sich selbst treu sein zu können, benötigen Sie eine Portion Selbstakzeptanz. Wie Sie diese erlangen können, habe ich Ihnen schon beschrieben. Selbstbestimmt zu sein, können Sie als nächst höhere Entwicklungsstufe betrachten, die es zu erklimmen gilt. Klingt abenteuerlich, oder?

Sind Sie noch nicht bereit, sich selbst zu akzeptieren, werden Sie immer wieder versuchen, Ihre Fehler zu verstecken und sich an andere anzupassen, damit ja niemand merkt, dass Sie eigentlich gar nicht so perfekt sind, wie Sie vorgeben. Da wir tagtäglich mit mehr als nur einer Person zu tun haben, müssen Sie ständig Ihre Ansichten und Überzeugungen anpassen.

So wie ein Chamäleon sich an seine Umgebung anpasst, passen Sie Ihre Meinung an die Ihres Gegenübers an. Sie sind wie ein Fähnchen im Wind. Das ist doch nicht erstrebenswert, oder?

Mit Sicherheit wollen Sie lieber wie ein Fels in der Brandung sein.

Lassen Sie mich Ihnen das Bild des selbstbestimmten Lebens vor Augen führen. Sie arbeiten in einem Unternehmen. Vor zwei Wochen wurden schon wieder zwei alleinerziehende Väter fristlos entlassen und der Betriebsrat hat weggeschaut. So kann es nicht weitergehen. Es widerspricht Ihrer Grundvorstellung. Jeder Mitarbeiter in einem Unternehmen sollte Anspruch auf finanzielle Sicherheit haben und nicht einfach fristlos entlassen werden können. Sie überlegen nun, wie Sie zukünftig Ihre Kollegen davor schützen können, dasselbe Schicksal zu teilen wie die beiden alleinerziehenden Väter. Ganz einfach: Sie kandidieren für den Betriebsrat.

Mit Ihrer selbstbewussten Ausstrahlung fällt die Entscheidung einstimmig aus und schon zwei Monate später können Sie den ersten Kollegen vor der fristlosen Kündigung bewahren.

Ein riesiger Erfolg, oder? Sie sind für Ihre Überzeugungen eingetreten und haben sich nicht davor gescheut, mit Ihrer Meinung bei Ihrem Chef anzuecken.

Und wissen Sie was? Es ist überhaupt nichts Schlimmes passiert. Niemand hat Ihnen den Kopf abgerissen und Sie wurden auch nicht entlassen, schließlich leisten Sie viel zu gute Arbeit.

Als Bonus wurden sogar Ihr Selbstbewusstsein und zusätzlich auch Ihr Selbstwertgefühl gestärkt. Sie fühlen sich, als könnten Sie Berge versetzen. Ein wahnsinnig gutes Gefühl, oder?

Die Relevanz von Resilienz und der Aufbau eines positiven Mindsets

Dass wir eine gewisse mentale Widerstandsfähigkeit brauchen, um durchs Leben zu kommen, ist unumstritten. Relevant ist mentale Stärke, damit wir Schicksalsschläge überwinden, uns vor Stress schützen können und uns in emotionalen Krisenzeiten selbst helfen können. Das ist nur eine kleine Auswahl dessen, warum mentale Stärke zu wichtig ist.

Wenn Sie das Leben so richtig auf den Boden gestoßen und dann noch hinterher getreten hat und Sie dann trotzdem wieder aufgestanden sind, war das eine starke Leistung von Ihnen, das können nicht alle. Nicht umsonst gibt es den Spruch: „Hinfallen. Aufstehen. Krone richten. Weitergehen!"

Aber was ist denn nun, wenn Sie nicht einfach so wieder aufstehen können und das Gefühl haben, viel länger als Ihre Freunde zu brauchen, um auf die Beine zu kommen?

Ich kann Sie beruhigen, mentale Stärke, welche besser unter dem Begriff der Resilienz bekannt ist, kann ganz einfach trainiert werden.

WIE SIE MITHILFE DES MODELLS DER 7 SÄULEN RESILIENT WERDEN

Resilienz. Ein Begriff, den Sie mittlerweile in so gut wie jedem Ratgeber für inneren Frieden finden. Ein Begriff, der Ihnen verspricht, mental widerstandsfähig zu sein. Aber was genau sollen Sie sich darunter vorstellen?

Machen wir einen Ausflug in die Physik. In der Physik beschreibt Resilienz hochelastische Materialien, die, nachdem sie verformt wurden, wieder ihre ursprüngliche Form annehmen.

Übertragen wir dies nun in die Psychologie. Natürlich beschreiben wir hier keine elastischen Materialien, sondern den Menschen. Ist der auch elastisch? Nun ja, so ähnlich. Unter Resilienz im psychologischen Rahmen können Sie sich eine gewisse Flexibilitäts-Kompetenz vorstellen. Die einen haben mehr, die anderen weniger davon. Die Flexibilitäts-Kompetenz beschreibt die Entwicklung und Nutzung Ihrer Ressourcen, die Sie dazu befähigt, Schicksalsschläge, Niederlagen und Stress zu bewältigen und Körper und Geist zu heilen.

Aber wie genau äußert sich, dass ein Mensch resilienter ist als der andere, und was hat das überhaupt mit einem positiven Mindset zu tun? Dafür betrachten wir die Definition von Sebastian Mauritz:

Resiliente Menschen

- … sind flexibel in schwierigen, nicht alltäglichen Situationen.

- … können ihre Impulse besser kontrollieren und haben ein hohes Maß an „Selbststeuerungsfähigkeit".

- … können sich schnell und erfolgreich an Veränderungen in ihrer Umwelt anpassen.

- … haben feinere Sensoren, um zu merken, wenn sich Stress anbahnt. Mit diesem gehen sie besser um, indem sie ihre Ressourcen nutzen, um sich vor schädlichen Einflüssen zu schützen.

- … akzeptieren, dass das Leben ein Auf und Ab ist und sie auf manches einfach keinen Einfluss haben, denn so spielt das Leben.

- … finden ihre innere Mitte schneller wieder, wenn sie doch einmal aus dem Gleichgewicht geraten, sind.

Ein positives Mindset wird sich bei Ihnen wie von allein einstellen, wenn Sie anfangen, Ihre Resilienz zu trainieren, denn die beiden sind untrennbar miteinander verwoben.

Aber wie können Sie ein positiv denkender, resilienter Mensch werden?

Hierfür betrachten wir die 7 Säulen der Resilienz, die Ihnen helfen kann, Ihre Resilienz zu trainieren.

Optimismus

„Ein Optimist sieht die Möglichkeit in jeder Schwierigkeit." Dieses Zitat von Winston Churchill trifft den Nagel auf den Kopf.

Optimistische Menschen sehen freudig ihrer Zukunft entgegen und brennen förmlich darauf, neue Herausforderungen anzugehen. Das können sie gut machen, da die meisten Optimisten sich ganz genau kennen und wissen, wo ihre Grenzen liegen. Gefühle der Ohnmacht kennen viele von ihnen gar nicht. Hier begegnen wir der Resilienz.

Fühlen Sie sich ohnmächtig und hilflos, steht das definitiv im Konflikt mit Ihrer Resilienz. Ist Ihnen schon einmal aufgefallen, dass Sie krank geworden sind, obwohl es gerade wirklich gar nicht gepasst hat? Im Urlaub oder vor einer wichtigen Prüfung? Wahrscheinlich haben Sie dann gedacht: „Ich MUSS schnellstmöglich wieder gesund werden". Insgeheim haben Sie aber bereits daran gezweifelt, dass Sie schnell wieder auf die Beine kommen. Da haben Sie ganz schön den Pessimisten heraushängen lassen.

Optimisten hingegen nehmen den Infekt einfach so, wie er kommt, denn so spielt das Leben. Sie stellen überhaupt nicht infrage, ob sie bald wieder gesund werden, denn Hauptsache ist schließlich, dass sie es überhaupt werden.

Durch ihre positive Einstellung und die Überzeugung, dass sie wieder gesund werden, beschleunigen sie ihren Genesungsprozess. Auch sind Optimisten sehr viel besser vor Stress gewappnet als andere. Sie suchen nach neuen kreativen Lösungen, wie sie sich selbst schützen können, und entlasten sich somit, wohingegen der Pessimist sich einfach seinem Schicksal ergibt und auf der nächsten Familienfeier seiner Tante sein Leid klagt.

Aber wie werden Sie denn nun optimistischer?

▪ **Seien Sie dankbar.** Klingt zu einfach, um wahr zu sein? Nun ja, es ist genauso einfach. Wenn Sie im Moment leben und nicht ständig an Zukunft oder Vergangenheit denken, dann erfreuen Sie sich auch an den kleinen Dingen des Lebens. Sie können für Personen dankbar sein, die Sie in

Ihrem Leben haben, oder Sie sind dankbar darüber, dass sich die Sonne das erste Mal seit Wochen wieder blicken lässt. Wenn Sie die Macht der Dankbarkeit nutzen und jeden Morgen einmal überlegen, wofür Sie heute dankbar sein könnten, wird es Ihnen helfen, optimistischer durch den Tag zu gehen und freudig der Zukunft entgegenzublicken.

▪ **Visualisieren Sie positive Gedanken und Emotionen**. Täglich haben wir bis zu 60.000 Gedanken im Kopf. Dass nicht alle davon positiv sind, wird wohl jedem klar sein. Negative Gedanken stehen Ihrer Resilienzentwicklung massiv im Weg. Versuchen Sie doch einmal, negative durch positive Gedanken zu ersetzen. Das mag sich im ersten Moment ein wenig unnatürlich anfühlen, aber glauben Sie mir, dass, je öfter Sie diese Methode anwenden, Sie umso häufiger große Erfolge verzeichnen werden.

Denken Sie nur einmal an das neue Projekt, dass Sie am Montag abgeben müssen. Es liegt noch ein Haufen Arbeit vor Ihnen. Anstatt an das große, nahezu unerreichbar erscheinende Endresultat zu denken, setzen Sie sich kleine Ziele auf dem Weg zum Ergebnis. Das wird Ihnen helfen – weg von den Gedanken: „Ich schaffe das nicht, es ist zu wenig Zeit" zu kommen und stattdessen hin zu den Gedanken: „Die Hälfte habe ich schon geschafft, ich liege sehr gut in der Zeit".

- **Schreiben Sie Ihre Glaubenssätze um**. Jeder von uns hat sogenannte Glaubenssätze. Leider sind die der meisten Leute ziemlich negativ wie: „Ich kann das nicht", „Ich habe das nicht verdient", Ich bin nicht gut genug".

Na, kommt Ihnen das irgendwie bekannt vor? Sicher ist, dass keiner optimistisch sein kann, wenn einem eine kleine Stimme im Kopf immer wieder sagt, man sei nicht gut genug. Sie könnten sich bei einer freien Minute einfach mal hinsetzen und überlegen, was Ihre negativen Glaubenssätze sind. Da das für viele ein sehr intimes Thema ist, könnten Sie sich auf einer Wiese unter den nächsten Baum setzen oder, wenn Ihnen das Sitzen zu langweilig wird, ein bisschen spazieren gehen. Hauptsache, Sie werden sich Ihrer negativen Glaubenssätze bewusst. Haben Sie diese erkannt, geht es nun daran, sie umzuschreiben.

Nehmen wir ein Beispiel von eben. „Ich bin nicht gut genug". Formulieren Sie diesen Glaubenssatz um, könnte das ungefähr so aussehen:

„Ich bin gut genug, wie ich bin." Oder „Ich schaffe das nicht" wird zu „Ich kann es schaffen, wenn ich mich anstrenge". Sehen Sie? Sie drehen den Spieß einfach um.

Egal, was die kleine Stimme in Ihrem Kopf an Ihnen zu kritisieren hat, das können Sie ins genaue Gegenteil umdichten. Damit Ihnen Ihre neuen positiven Glaubenssätze öfter vor Augen geführt werden, wiederholen Sie sie innerlich wie ein Mantra.

Selbstbewusstsein
Eine weitere Säule der Resilienz. Wie Sie dieses aufbauen, habe ich Ihnen bereits erläutert, aber lassen Sie mich die wichtigsten Tipps noch einmal für Sie zusammenfassen:

- Übernehmen Sie Verantwortung für sich und Ihr Handeln.
- Sie sind gut so, wie Sie sind.
- Bleiben Sie sich selbst treu und treten Sie für Ihre Überzeugungen ein.
- Leben Sie bewusst im Hier und Jetzt.

Akzeptanz

Auch den Aspekt der Selbstakzeptanz habe ich Ihnen bereits nahegelegt. Wie schön es doch ist, wenn wir auf unser Vorwissen zurückgreifen können, nicht wahr?

Trotzdem werde ich auch hier in aller Kürze die wichtigsten Aspekte für Sie wiederholen. Sich selbst zu akzeptieren, ist eine in der Gesellschaft verlorenen gegangene Kunst, die uns allerdings hilft, selbstbewusst und resilient zu sein. Nehmen wir manche Dinge einfach hin, die wir sowieso nicht ändern können, wird eine ungeheure Last von uns genommen.

Denken Sie beispielsweise an Ihren nächsten Urlaub. Der Flug wurde wegen eines Unwetters gestrichen. Sie können sowieso nichts daran ändern. Natürlich ist es ärgerlich, aber Sie werden entweder das Geld zurückbekommen oder in die nächste Maschine steigen, die in die Luft steigt.

Ist es nicht befreiend, wenn man sich einmal nicht über unveränderliche Tatsachen aufregen muss? Würden Sie einen Aufstand am Flughafen machen, würde das auch nicht weiterhelfen, das Flugzeug würde trotzdem auf dem Boden bleiben.

Verantwortung

Ein weiterer, bereits bekannter Begriff auf unserer Reise. Wie Sie Verantwortung übernehmen, habe ich Ihnen auch bereits erläutert.

Fangen Sie erst einmal klein an. Haben Sie eine Prüfung versemmelt, brauchen Sie weder dem Lehrer noch jemand anderem die Schuld zu geben. Sie haben vermutlich nicht ausreichend gelernt und Schluss. Sie haben nun daraus gelernt und werden in Zukunft einfach ein paar Tage früher anfangen. Nach und nach können Sie das auf alle Lebensbereiche ausdehnen. Verantwortung zu übernehmen, ist alles andere als ein Hexenwerk. Aber es wird Ihr Selbstbewusstsein und Ihre Resilienz ungemein stärken.

Warum es Sie selbstbewusst macht, wissen Sie bereits, aber warum auch resilient?

Ganz einfach: Wenn Sie die Verantwortung für sich übernehmen, sind Sie nicht länger auf andere angewiesen. Sie sind freier und müssen nicht länger darauf warten, dass Ihr Partner errät, was Sie von ihm brauchen. Sagen Sie einfach „Ich finde, wir brauchen heute Abend Zweisamkeit, wir haben beide diese Woche gearbeitet und uns wenig gesehen". Ihr Partner wird sich denken: „Ja, das stimmt. Schön, dass mein Partner es mir gesagt hat und ich nicht raten muss, warum er oder sie schlechte Laune hat."

Übernehmen Sie nicht nur Verantwortung für Ihre Handlungen, sondern auch für Ihre Bedürfnisse. Es ist so leicht. Die wachsende Resilienz wird von ganz allein an Ihre Haustür klopfen, wenn Sie Eigenverantwortung übernehmen.

Soziale Netzwerke

Der Mensch ist ein soziales Wesen, dessen Grundbedürfnis es ist, Beziehungen zu anderen aufzubauen. Da liegt es nahe, dass wir soziale Netzwerke brauchen, um resilient zu sein. Erinnern Sie sich noch an Mauritzs Definition des resilienten Menschen?

Nun ja, unsere Freunde, Familie und Lebenspartner können uns in der Entwicklung zum resilienten Menschen unterstützen. Sie können uns helfen, unsere innere Mitte nach einem Schicksalsschlag wiederzufinden, indem sie uns ablenken, etwas mit uns unternehmen, mit uns reden oder auch einfach nur zuhören. Doch nicht nur dabei können sie uns helfen. Sie können uns auch helfen, uns an eine neue Umgebung anzupassen.

Denken Sie nur einmal an Ihren letzten Umzug. Der nette Nachbar von nebenan hat Ihnen ungemein geholfen, sich an die neuen Gepflogenheiten der Gemeinschaft anzupassen und sich ein soziales Netzwerk aufzubauen.

Resilient zu sein, bedeutet nicht, allein durch die Welt zu gehen und jeden Schlag, den wir vom Leben kassieren, einfach wegzustecken. Vielmehr bedeutet es, auch die Gewissheit zu haben, dass wir aufgefangen werden können, wenn es hart auf hart kommt.

Um soziale Netzwerke nutzen zu können, sollten Sie Folgendes beachten:

- Bauen Sie zunächst Beziehungen auf. Das können Sie erreichen, indem Sie beispielsweise offen auf Ihr Gegenüber zugehen, auch mal bei etwas Gesagtem nachhaken und sich aufrichtig dafür interessieren, was er oder sie Ihnen erzählt.
- Pflegen Sie Ihre Beziehungen. Bleiben Sie regelmäßig in Kontakt mit denjenigen, die zu Ihren sozialen Netzwerken gehören.

Natürlich gibt es auch Ausnahmefälle, in denen man sich jahrelang nicht gesehen oder voneinander gehört hat und es so ist wie früher. Aber wie gesagt, sind das Ausnahmefälle. Beziehungen erfordern ein gewisses Maß an Arbeit, das Sie investieren müssen, um sie aufrechtzuerhalten. Das klingt jetzt viel schlimmer, als es ist. Arbeiten außerhalb des Büros?

Sehen Sie es nicht als Arbeit. Wenn wir eine Person richtig blöd finden und uns regelrecht bestraft fühlen, wenn wir mit ihr Zeit verbringen müssen, wird sie wohl kaum zu unserem sozialen Netzwerk gehören, oder? Personen hingegen, mit denen wir gern reden und lachen, mit denen verbringen wir gern Zeit. Also warum sollte das Arbeit sein?

Lösungsorientierung
Eine weitere Säule der Resilienz. Der Begriff ist schnell erklärt. Er beschreibt die Fähigkeit einer Person, sich auf den Endzustand von etwas zu konzentrieren.

Müssen Sie ein Projekt bei Ihrem Chef abgeben, denken lösungsorientierte Menschen nicht daran, wie viel Arbeit auf sie zukommt, sondern sie denken an das Ziel und die notwendigen Schritte, die sie dorthin führen.

Und wie werden Sie ein lösungsorientiert denkender Mensch?

▪ **Trennen Sie das Problem von der Lösung.** Visualisieren Sie den Ist- und den Soll-Zustand. Das bedeutet, dass Sie zum Beispiel aufschreiben, wo Sie sich jetzt gerade befinden und wo Sie mit der Bearbeitung eines Problems hinwollen.

Stellen Sie sich vor, Sie wollen einen Kuchen backen. Der Ist-Zustand lautet wie folgt: Die Zutaten liegen alle herum und von einem fertigen Kuchen ist weit und breit nichts zu sehen. Der Soll-Zustand ist dementsprechend der fertige Kuchen. Nun überlegen Sie, welche Schritte notwendig sind, um den Kuchen zu backen. Zuerst verrühren Sie Ei, Mehl und Zucker. Danach kommt die flüssige Schokolade in den Teig. Anschließend wird er in die Form gefüllt und für eine Stunde in den Backofen geschoben.

Sehen Sie? So einfach lassen sich Problem und Lösung voneinander trennen. Wir konnten erfolgreich mehrere Schritte auf dem Weg zum fertigen Kuchen definieren und haben uns nicht von der

utopischen Vorstellung des Endergebnisses unter-
kriegen lassen.

Das geht in jeder Situation, in der Sie einen
Ziel-Zustand vor Augen haben. Egal, ob es ein Kuchen oder ein wichtiges Projekt bei der Arbeit ist.

- **Was brauchen Sie, um zu einer Lösung zu kommen?**
Natürlich sich selbst und Ihre eigenen Ressourcen.
Damit Sie einen Ziel-Zustand erreichen können,
müssen Sie wissen, was Sie nutzen können und wo
Ihre Grenzen liegen.

Können Sie den Kunden mit Fachwissen oder
Ihrem Charme überzeugen, die x-te Versicherung
abzuschließen?

Wenn Sie genau über Ihre Ressourcen Be-
scheid wissen, wird es Ihnen sehr viel leichter fallen, lösungsorientiert an eine herausfordernde
Aufgabe heranzugehen.

- **Übung macht den Meister.** Fangen Sie nicht
mit großen, sondern mit kleineren Veränderungen
an, dann werden Sie viel schneller ein Erfolgserlebnis haben.

Halsen Sie sich nicht das größte Projekt auf, dass Ihr Chef zu bieten hat, sondern entscheiden Sie sich für ein kleineres, an dem Sie Ihr neues lösungsorientiertes Denken testen können. Wenn es Ihnen bisher schwergefallen ist, nicht ständig an den Haufen Arbeit zu denken, der auf Sie zukommt, dann schreiben Sie sich doch einfach auf, in welchen Etappen Sie das Projekt bewältigen wollen. Auf einmal sieht es gar nicht mehr nach so viel aus, oder? Und schon sind Sie mit dem Projekt fertig. Viel schneller als sonst? Das liegt daran, dass Menschen gern belohnt werden. Immer, wenn Sie eine Etappe des Projektes gemeistert haben, wird ein Erfolgserlebnis bei Ihnen freigesetzt und Sie fühlen sich belohnt. Vielleicht haben Sie sich aber auch nach jedem Schritt ein schönes heißes Bad gegönnt oder Ihr Lieblingsgericht gekocht. Jedenfalls haben Sie so verhindert, die Lust an dem Projekt zu verlieren, da Sie den Eindruck gewonnen haben, mit riesigen Schritten weg vom Ist- und hin zum Soll-Zustand zu gehen.

Zukunft

Die letzte Säule des Modells der Resilienz, die ich Ihnen präsentieren darf. Was sollen Sie sich unter diesem schwammigen Begriff vorstellen? Ganz einfach.

Um resilient zu sein, müssen Sie in die Zukunft schauen und diese aktiv gestalten wollen. Es ist Ihr Leben und Sie sind frei in der Entscheidung, was Sie daraus machen wollen. Sie setzen sich Ziele, mit denen Sie sich täglich motivieren können, weiter an sich zu arbeiten. Zukunftsplanung trägt ebenfalls dazu bei, dass Sie Wünsche und Vorstellungen davon entwickeln, was Sie in Ihrem Leben erreichen wollen. Dadurch, dass Sie ein Ziel vor Augen haben, werden Ihnen Niederlagen nicht länger viel anhaben können und Sie werden viel schneller zu Ihrer inneren Mitte zurückfinden als früher.

Beginnen Sie damit, aufzuschreiben, wo Sie in einem Jahr stehen wollen. Was wollen Sie beruflich erreicht haben? Was wollen Sie von der großen weiten Welt gesehen haben?

Mit einem sogenannten „Visionboard" wird es Ihnen leicht fallen, nicht länger ängstlich, sondern frohen Mutes in die Zukunft zu blicken,

Herausforderungen anzunehmen und erfolgreich
zu meistern

Wissen Sie noch die Definition von Mauritz resili-
entem Menschen? Herzlichen Glückwunsch. Genauso einer sind Sie jetzt.

Wie kann ich mich in emotionalen Krisenzeiten selbst stabilisieren?

Ist bei Ihnen zurzeit im Kopf auch tagsüber Mitternacht?

Egal, ob Sie einen schweren Schicksalsschlag hinter sich haben, unter dem ständigen nasskalten Wetter leiden oder es Ihnen einfach so nicht gut geht: Jeder von uns kennt dieses Gefühl. Wir kommen nicht aus dem Bett, sind antriebslos und würden uns am liebsten in den warmen kuschligen Decken verkriechen.

Aber das geht leider nicht, denn der Besuch der nervigen Schwiegereltern steht an, dann muss Sie auch noch das Projekt für Ihren neuen Chef fertig werden und ausgerechnet morgen hat Ihre beste Freundin Geburtstag, für die Sie noch einen Kuchen backen wollten.

Wie Sie den Alltag bewältigen sollen, ist Ihnen schlichtweg ein Rätsel.

Doch keine Sorge, damit es gar nicht erst so weit kommt, gibt es verschiedene Tipps und Tricks, die Sie umsetzen können, um sich selbst langfristig emotional zu stabilisieren. Zu diesem Zweck unterscheiden wir körperliche und geistige Aspekte.

Beginnen wir mit den geistigen Aspekten:

- **Das Gedankenkarussell stoppen**

Kennen Sie es? Das berühmte Gedankenkarussell?

Sie haben nichts zu tun und sitzen auf der Couch. Draußen regnet es und Ihre Stimmung will sich seit Tagen nicht bessern. Sie grübeln, warum das so ist. Ihrem Partner scheint das Wetter gar nichts auszumachen. Er macht weiter Sport und genießt seine Freizeit mit einem guten Buch. Um sich die Zeit mit einem guten Buch zu vertreiben, fehlt Ihnen aber die Konzentration. Sie fragen sich, ob etwas mit Ihnen nicht stimmt. Sind Sie krank? Findet Ihr Partner Sie insgeheim langweilig und liest deswegen die ganze Zeit wie besessen Herr der Ringe? Werden Sie nicht dick, wenn Sie hier nur so rumsitzen? Wann haben Sie eigentlich das letzte Mal geduscht? Hatten Sie das Outfit nicht gestern auch schon an?

Meine Damen und Herren, nun sind Sie Zeuge des berühmten Gedankenkarussells geworden. Jeder kennt es und viel wichtiger, jeder hasst es.

Wenn sich das Gedankenkarussell anbahnt, versuchen Sie es doch einmal hiermit:

- Legen Sie den Rückwärtsgang ein. Rufen Sie laut in Ihren Gedanken „STOPP!"
- Denken Sie bewusst an etwas Beruhigendes. Denken Sie an den nächsten Urlaub, der in den nächsten Ferien ansteht, das wirkt wahre Wunder, oder?
- Lenken Sie sich ab, aber nicht mit einem Buch oder Film. Meistens fehlt Ihnen dazu sowieso die Konzentration. Reden Sie mit Ihrem Partner oder einem guten Freund über Ihre Gefühle. Wenn

Ihnen das zu „peinlich" ist, können Sie auch über das schlechte Wetter draußen reden. Wenn Ihnen nicht zum Reden zumute ist, könnten Sie auch gemeinsam ein Karten- oder Brettspiel spielen. Wenn Sie bei UNO gewinnen, wird sich Ihre Stimmung mit Sicherheit um einiges heben.

▪ Belohnen Sie sich

Um eine Belohnung zu verdienen, müssen Sie nichts Großartiges vollbracht haben. Sie haben auch eine Belohnung verdient, wenn Sie den ganzen Tag auf der Couch im Pyjama gelegen und sich vom Trash-TV haben berieseln lassen.

Um sich selbst etwas Gutes zu tun, gibt es viele verschiedene Möglichkeiten:

▪ Nehmen Sie ein heißes Bad.

▪ Trinken Sie einen warmen Kakao.

▪ Kochen Sie sich Ihr Lieblingsessen.

▪ Lesen Sie ein gutes Buch.

▪ Bestellen Sie sich das Paar Schuhe, das Sie schon die ganze Zeit im Auge hatten.

▪ Machen Sie einen ausgedehnten Spaziergang.

▪ Falls Sie sportverrückt sind, könnten Sie natürlich auch eine Runde laufen gehen oder sich aufs

Rad schwingen. Die Hauptsache ist, dass Sie das Gefühl haben, etwas Gutes für Ihren Geist zu tun.

- **Reden Sie darüber**

Mittlerweile ist es bekannt, dass es uns hilft, über unsere Sorgen und Ängste zu reden, daher kommt schließlich auch die berühmte Gesprächstherapie nach Carl Rogers.

Reden Sie mit Ihrem Partner, Ihren Freunden, Ihrer Familie. Ja, sogar mit Ihrem Haustier können Sie reden, die geben jedenfalls keine Widerworte und sind die besten Zuhörer.

Sie werden sehen, wie befreiend es ist, über Ihre Gefühle und Gedanken zu sprechen. Meistens sehen wir unsere Probleme danach aus einem ganz anderen Blickwinkel oder machen die Erfahrung, dass es dem anderen genauso geht. Dann können Sie sich gegenseitig helfen, das verbessert dann auch gleichzeitig Ihre Beziehung zueinander, da Ihr Vertrauen gestärkt wird.

- **Schreiben Sie es auf**

Haben Sie gerade niemanden parat, dem Sie Ihre Gedanken und Gefühle mitteilen können, oder ist es Ihnen einfach ein bisschen peinlich, über so ein intimes Thema zu reden, schreiben Sie es einfach auf.

Das muss weder in einem schönen Buch passieren, noch muss es die Ansprache „Liebes Tagebuch ..." beinhalten. Notieren Sie Ihre Gedanken auf einem Taschentuch, auf dem Toilettenpapier, auf einem Post-it, ganz egal, was es ist, schreiben Sie es auf. Sie werden sehen: Es ist ungemein befreiend.

▪ Grübeln macht Sie nachweislich krank

Grübeln Sie viel? Geht es Ihnen meistens danach noch schlechter als vorher?

Das ist die bekannte negative Gedankenspirale. Sie müssen unbedingt dafür sorgen, dass Sie schnellstmöglich aus einer solchen Spirale aussteigen können.

Dafür gibt es verschiedene Techniken, die Ihnen den Ausstieg erleichtern können:

▪ Überlegen Sie sich ein Signalwort, das Ihnen etwas bedeutet. Zum Beispiel könnten Sie das Wort „Cocktail!" benutzen und sich gedanklich vorsagen. Wichtig ist, dass Sie das Wort mit etwas Positivem assoziieren, damit Sie weg von den negativen und hin zu den positiven Gedanken kommen.

- Massieren Sie Ihre Handflächen. Auch, wenn die Bewegung gering und monoton ist, verscheucht jegliche Art von körperlicher Betätigung negative Gedanken.
- Genauso gut könnten Sie auch eine Runde laufen gehen, ein Work-out machen oder Fahrrad fahren.
- Lenken Sie sich ab.

Um Grübeln zu stoppen, können Sie auch eine Kombination der anderen Techniken anwenden. Zum Beispiel könnten Sie mit einem Freund einen Spaziergang durch die Natur machen und über Ihre Gedanken reden. Natürlich könnten Sie aber auch miteinander herumalbern, das würde Sie gleichzeitig auch ablenken.

Kommen wir nun zu den **körperlichen Aspekten**. Psychische Krisen können von einem physisch gesunden Organismus sehr viel besser bewältigt werden als von einem kranken. Klingt logisch, oder?

- Verzichten Sie auf Kaffee, Tabak, Alkohol und Drogen, welche unter dem Namen „Genussgifte" zusammengefasst werden.

- Schlafen Sie ausreichend. Am besten zwischen 7 und 9 Stunden. Wie viel für Sie ausreichend ist, ist individuell. Dabei kommt es vor allem auf die Qualität des Schlafes an. Um diese zu erhöhen, sollten Sie darauf achten, dass Ihr Schlafzimmer gut temperiert ist (zwischen 16 und 18 Grad sind hierbei das Optimum). Auch sollten Sie es vermeiden, vor dem Schlafen auf einen Bildschirm zu gucken, wie Ihr Handy oder den Fernseher. Stattdessen könnten Sie auch ein Buch wie dieses hier lesen oder ein beruhigendes Hörbuch anmachen.

- Bewegen Sie sich ausreichend. Am besten an der frischen Luft und tagsüber, sodass Sie gleich noch Sonnenlicht tanken können. Mithilfe des Sonnenlichts produziert unser Körper Vitamin D, welches nachweislich dazu beitragen kann, die Stimmung zu verbessern.

- Kümmern Sie sich um Ihren Körper. Pflegen Sie ihn ausreichend. Gehen Sie baden oder lange duschen. Kaufen Sie sich eine schöne Körperlotion und cremen Sie sich regelmäßig ein.

- Trinken Sie ausreichend Wasser, ungesüßten Saft oder Tee, mindestens 1,5 bis 2 Liter täglich. Dehydrieren Sie nämlich, können Sie sich nicht mehr konzentrieren, sind müde und antriebslos.
- Und zu guter Letzt: Achten Sie auf Ihre Ernährung. Essen Sie genügend Obst und Gemüse. Reduzieren Sie den Konsum von Zucker und Fleisch. Aber am wichtigsten ist: Essen Sie vielseitig und abwechslungsreich.

Wenden Sie diese Tipps konstant an, werden Sie schnell Erfolge erzielen und Ihre emotionale Gesundheit wird sich verbessern und stabilisieren.

Schlusswort

Dieses Buch erhebt keinen Anspruch auf wissenschaftliche Richtigkeit. Entstanden ist es auf Basis von Fakten, Gedanken und Erfahrungen. Ich hoffe, dass Sie sich auf einigen Seiten wiederfinden konnten. Heutzutage jagt eine Innovation die nächste, ob es nun soziale Plattformen, Maschinen oder künstliche Intelligenz sind. Wir verlieren uns selbst in dieser schnelllebigen Welt. Unsere Psyche leidet unter unseren selbst auferlegten Routinen und der Jagd nach Erfolg.

Auch ich durfte während der Arbeit an diesem Buch lernen, wo meine Grenzen sind, wie ich diese und meinen Horizont erweitern kann.

Beginnen auch Sie damit, mehr über sich zu lernen. Fangen Sie an, Ihre Persönlichkeit zu entwickeln, ein positives Mindset aufzubauen, die Kraft Ihres Selbstbewusstseins zu entdecken, etwas über die Relevanz mentaler Stärke zu lernen und sich selbst in emotionalen Krisen zu stabilisieren.

Ich hoffe, dass Ihnen die Tipps und Tricks in diesem Buch dazu verhelfen, Ihr Leben zu verbessern und sich vor depressiven Phasen zu schützen. Nehmen Sie sich Zeit, das Gelesene zu verarbeiten und in Ihren Alltag zu integrieren. Nutzen Sie dieses Buch als Startschuss, um Ihr Leben nachhaltig zu verbessern. Wenden Sie die Tipps konsequent an, werden Sie schon bald große Veränderungen in Ihrer Psyche bemerken. Sie werden bewusster, zufriedener, gelassener und glücklicher sein.

Sie haben einen großen Vorteil gegenüber Ihren Mitmenschen. Sie haben gelernt, sich selbst zu verstehen und sich selbst wertzuschätzen.

Ich wünsche Ihnen weiterhin alles Gute auf Ihrem Weg zu sich selbst.

Herstellung und Verlag:

BoD – Books on Demand, Norderstedt

ISBN: 9783756817351

© Marcus Neustädter 2022

1. Auflage

Kontakt: Psiana eCom UG/ Berumer Str. 44/ 26844 Jemgum

Covergestaltung: Fenna Larsson

Coverfoto: depositphotos.com